지구촌 슬기로운 펀딩 탐구생활

지구촌 슬픈 갈등 탐구생활

초판 1쇄 발행 2020년 11월 25일
개정판 1쇄 발행 2024년 4월 10일 \ **개정판 3쇄 발행** 2025년 9월 20일
글쓴이 이두현 김선아 권미혜 이준희 이용직 \ **그린이** 박지윤

펴낸이 이영선
책임편집 김문정
편집 이일규 김선정 김문정 김종훈 이민재 이현정 조유진
디자인 김회량 위수연
독자본부 김일신 손미경 정혜영 김연수 김민수 박정래 김인환
펴낸곳 파란자전거 \ **출판등록** 1999년 9월 17일(제406-2005-000048호)
주소 경기도 파주시 광인사길 217(파주출판도시) \ **전화** (031)955-7470 \ **팩스** (031)955-7469
홈페이지 www.paja.co.kr \ **이메일** booksea21@hanmail.net

ⓒ 이두현 · 김선아 · 권미혜 · 이준희 · 이용직 · 박지윤, 2020
ISBN 979-11-88609-52-9 73300

파란자전거는 도서출판 서해문집의 어린이 책 브랜드입니다. 페달을 밟아야 똑바로 나아가는 자전거처럼 파란자전거는 어린이와 청소년이 혼자 힘으로도 바르게 설 수 있도록 도와줍니다.

어린이제품안전특별법에 의한 제품 표시
제조자명 파란자전거 \ **제조국** 대한민국 \ **사용연령** 11세 이상 어린이 제품
▲ 주의 책의 모서리가 날카로우니 던지거나 떨어뜨려 다치지 않도록 주의하세요.
KC 마크는 이 제품이 공통안전기준에 적합하였음을 의미합니다.

착한 사회를 위한 **국제 분쟁과 난민 이야기**

지구촌 슬갈퐁등 탐구생활

이두현·김선아·권미혜·이준희·이용직 글 | 박지윤 그림

파란자전거

| 글쓴이의 말 |

공평하고 평화로운 지구촌을 위해 우리가 해야 할 일

지금도 지구상에는 수많은 사람들이 다양한 원인 때문에 갈등을 겪고 있어요. 어떤 곳은 오랜 시간 계속되는 갈등으로 사람이 죽거나 다치고, 환경이 악화되기도 하지요. 물론 갈등이 항상 나쁜 것만은 아니에요. 좀 더 나은 방향으로 나아갈 수 있는 길을 제시할 수도 있으니까요. 한자어로 갈등(葛藤)이라는 단어는 칡과 등나무라는 뜻으로, 칡과 등나무가 서로 복잡하게 얽히는 모습을 말해요. 칡과 등나무가 얽힌 모습처럼 개인이나 집단 사이에 생각이나 상황, 이해관계 따위가 달라 서로 적대시하거나 충돌을 일으키는 것을 갈등이라고 하지요.

다른 문화와 환경에 사는 우리는 각자의 생각도 다르고 처한 상황도 달라요. 그래서 의견도 다를 수밖에 없어요. 같은 환경과 공간에 사는 가족도 당장 저녁 식사 메뉴를 결정할 때면 생각이 같지 않은 것처럼 말이에요. 사는 지역이나 국가가 다른 사람들은 더더욱 그렇기 때문에 갈등은 당연한 일이에요. 하지만 갈등 때문에 피해를 입는 누군가가 생긴다면 그것은 문제가 될 수 있겠지요. 특정 집단이 자신들의 입장을 주장하고 강요하는 갈등 상황 때문에 죄 없는 어린아이가 죽고, 사람이 다치고, 동식물이 위기에 처한다면 우리는 그 문제를 해결하려고 노력해야 해요.

《지구촌 슬픈 갈등 탐구생활》에서는 지구촌에서 벌어지는 다양한 갈등 상황을 소개하고 있어요. 어떤 이유로 갈등이 생겼고, 지금은 어떻게 진행되고 있으며, 갈등 때문에 어떤 피해들이 생기고 있는지 함께

생각해 보았으면 하는 마음을 모았습니다.

　우리가, 또 여러분이 모든 문제를 직접 해결할 수는 없어요. 그러나 모두의 관심 속에서 함께 생각하고 고민하는 과정이 반복되다 보면 사회는 조금씩 더 좋은 방향으로 나아갈 수 있어요. 여러분도 이 책을 읽는 동안에는 나와 다른 곳에 사는 친구들이 어떤 어려움을 겪고 있는지, 그 문제를 해결하려면 어떤 도움이 필요한지 생각해 보는 시간이 되었으면 좋겠습니다.

2020년 11월
저자 일동

차례

1부 나라 간 갈등, 국제 분쟁이 뭘까

글쓴이의 말
공평하고 평화로운 지구촌을 위해 우리가 해야 할 일 · 4

1. 분쟁과 전쟁, 무엇이 달라요?
레바논의 시리아 소녀, 리마 · 14
분쟁은 아픔이에요 · 16
갈등과 분쟁, 그리고 전쟁 · 19

2. 세계 분쟁의 역사
분쟁의 씨앗, 국경? · 22
국경이 반듯하면 싸울 일이 없지 않나요? · 23
갈등과 분쟁은 언제 시작되었을까요? · 25

3. 분쟁의 다양한 원인들
영토와 자원을 두고 싸워요 · 28
종교, 민족, 언어… 우린 문화가 달라요 · 30
시대가 변하면 원인도 다양해져 · 33

똑똑한 생각의 고리
암초는 우리 땅 · 34

2부 세계의 갈등은 왜 생길까

1. 세계의 화약고, 팔레스타인-이스라엘
팔레스타인에는 왜 두 민족이 살까요? … 40
지켜질 수 없는 영국의 약속 … 43
평화를 위한 노력, 이스라엘과 팔레스타인해방기구 … 46

2. 시리아의 눈물과 희망
축복과 저주를 한 몸에 받은 시리아 … 49
독재 정치가 만들어 낸 내전 … 50
국제 사회의 개입, 내전은 끝날 수 있을까? … 51
여전히 내전은 진행 중… … 53

3. 분쟁으로 폐허가 된 아프가니스탄
동서양 문화를 이어 주는 비단길의 나라 … 56
독립 후 찾아온 시련 … 58
외세 대신 시작된 내전 … 60

4. 위험한 동거, 중국과 소수 민족
56개의 소수 민족 국가 중국 … 61
달라이 라마의 나라 티베트 … 63
티베트의 독립운동 … 65
신장 위구르(웨이우얼)의 독립운동 … 67

5. 포기할 수 없는 러시아, 벗어나고 싶은 우크라이나
나라 이름이 '국경 지대'라고요? … 70
지리적 요충지에서 갈등의 중심지로 … 71
소련의 해체와 새로운 갈등 … 72

6. 카슈미르를 우리 쪽으로, 인도-파키스탄
세 나라로 나뉜 카슈미르 … 77
독립의 기쁨 대신 찾아온 갈등 … 78
끝없는 전쟁 … 79
이권보다는 양보와 이해 … 82

7. 다이아몬드가 너무 많아 슬픈 나라, 시에라리온

가장 가난한 다이아몬드의 땅	84
피의 다이아몬드	85
욕심이 부른 아프리카의 불행	88

8. 뿌리 깊은 내전 국가, 르완다

천 개의 언덕이 있는 아름다운 나라	89
식민 통치가 부른 내전	90
내전이 남긴 슬픈 후유증	92

9. 수단과 남수단, 왜 분리 독립했나?

아프리카에서 가장 넓은 흑인의 땅	94
다르니까 떨어져!	95
자원이 부른 수단과 남수단의 갈등	96
독립 이후에도 끝나지 않은 남수단의 내전	98

10. 새똥 전쟁을 치른 페루와 칠레

새똥이 뭐길래	100
페루를 부자로 만든 구아노	101
승자 없는 전쟁	104

11. 캐나다 속 작은 프랑스 퀘벡주

자원을 탐낸 강대국들의 침입	106
퀘벡주에 남게 된 프랑스 사람들	107
캐나다 속의 특이한 사회, 퀘벡	109

12. 카스피해, 바다일까? 호수일까?

사방이 막힌 카스피해	110
바다인가? 호수인가?	111
자원의 발견으로 달라진 해석	111
특수한 지위를 가진 바다	114

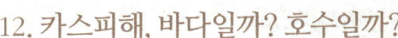

13. 남중국해의 패권 다툼
난사 군도, 분쟁의 시작 115
내가 만든 물건이 있으니 그곳은 내가 주인 116
자원이 풍부해 슬픈 시사 군도 117
자원과 바닷길이 이유라는데… 118

14. 서남아시아의 집시, 쿠르드족
나라가 없어 슬픈 쿠르드족 120
메아리처럼 사라진 약속 121
석유를 두고 벌인 검은 거래 122
대량 학살과 난민 124
반복되는 비극, 이루어지지 않는 소망 125

15. 러시아와 일본의 쿠릴 열도 쟁탈전
쿠릴 열도와 북방 영토는 어디일까요? 126
쿠릴 열도에 국경이 생기다 127
소련과 일본의 서로 다른 주장 129
소련의 붕괴와 정권 교체가 가져온 변화 131

16. 댜오위다오일까, 센카쿠 열도일까
섬 이름이 두 개인 이유 132
이들의 진짜 속내는 무엇일까요? 134

석유의 두 얼굴 136

3부 분쟁과 갈등으로 어떤 일이 생길까

1. 기아, 배고픔과 싸우는 사람들
아직도 굶는 아이들이 있다고요? 140
지구촌 기아, 왜 생길까요? 142
기아의 위험에 처한 나라들 146
기아 문제, 어떻게 해결해야 할까요? 148

2. 어린이와 여성, 모두의 인권
전쟁터로 내몰린 아이들 152
여성을 성 노예로 전락시키는 전쟁 155

3. 난민, 갈 곳 없는 사람들
떠날 수밖에 없는 사람들 159
난민은 언제부터 생겼을까요? 163
유럽으로 가는 난민들 164
대한민국으로 오는 난민들 168
난민을 보호하기 위한 지구촌의 움직임 172

똑똑한 생각의 고리
학교를 잃은 아이들 174
갈 곳이 없는 친구 176

4부 공존을 위한 지구촌의 노력들

1. 국제 사회는 어떻게 해결할까?
국가 간의 약속, 국제법과 국제기구들 180
평화를 위한 스포츠 축제 187
평화로 가는 세계 문화 190

2. 스스로 해결해 나가는 나라들
북아일랜드에게 자치권을 넘겨준 영국 191
이슬람 문화를 인정한 에스파냐 193
언어 공동체를 인정한 벨기에 196
한 지붕 아래 평화로운 26개 나라, 스위스의 칸톤 198
평화를 향한 현재 진행형 200

똑똑한 생각의 고리
환경 보호 vs 자원 개발 202

제1부 나라 간 갈등,

국제 분쟁이 뭘까

모든 분쟁의 가장 근본적인 원인은 인간의 욕심 때문이에요. 서로를 이해하지 못하고 수용하지 못하면 분쟁은 언제 어디서든 계속돼요. 인간의 이기심이 불러일으킨 세계의 분쟁들은 과연 어떤 이유로 일어나는 걸까요? 분쟁을 줄이고 평화로운 지구촌을 위해서 우리는 어떻게 해야 할까요?

레바논의 시리아 소녀, 리마

사랑하는 나의 조국, 시리아야.
막상 연필을 드니, 무슨 말을 어디서부터 써야 할지 모르겠다.
너를 떠나오기 전 내가 사랑했던 학교에 대해 써야 하나,
아니면 내가 살던 집에 대해 써야 하나?
학교야, 난 언제쯤 내 가방을 들고 너에게 달려갈 수 있을까?
내가 다니던 학교는 이제 더 이상 그 자리에 없어.
학생들도 없어.
수업 종소리도 이젠 들리지 않아.
무너져 내린 건물과 돌무더기만 여기저기 흩어져 있을 뿐.

이제 더 이상 볼 수도, 살 수도 없는 우리 집에 대해 써야 하나?
아니면 비록 지금은 폐허이지만, 늘 예쁘게 피어 있던 꽃들에 대해 써야 하나?
내가 사랑하는 나의 보금자리 시리아야.
언젠가 내가 너에게 돌아갈 날이 오겠지?
나는 꿈이 많았는데. 이제는 그것들 중 어떤 꿈도 이룰 수 없게 되었어.
이제 내 유일한 꿈은…… 하루빨리 너에게 달려가 자유롭게 사는 거야.
시리아, 내가 사랑하는 시리아야.
네가 너무나 그립고, 보고 싶구나.

    이 편지는 여러분과 같은 또래인 열두 살 소녀 리마가 썼어요. 리마는 아라비아반도의 북쪽, 튀르키예와 국경을 접하고 있는 시리아에 살면서 학교에 다니던 평범한 학생이었어요. 시리아에서 어떤 일이 있었기에 리마는 집도 학교도 잃고, 가고 싶지만 갈 수 없는 시리아에 대한 그리움을 담아 편지를 썼을까요.
    시리아에서는 정치적인 이유와 종교적인 이유로 편이 나뉘어 종종 다툼이 있었어요. 그 갈등의 골이 좁혀지지 않자 전쟁으로까지 치닫게 되었지요. 이렇게 국내에서 발생한 갈등이 불거져 전쟁까지 치르게 되는 것을 '내전'이라고 해요. 그러던 중 리마의 학교에 폭격이 있고 나서는 상황이 더욱 안 좋아졌어요. 리마를 이렇게 만든 시리아 내전은 35만 명가량의 생명을 앗아 갔어요. 480만 명이 넘는 사람들이 삶의 터전을 잃어버렸죠. 이들은 레바논, 요르단, 이라크 등 이웃 나라를 비롯해 머나먼 유럽과 아메리카에서 난민으로 생활하고 있어요. 이 중 절반 정도가 18세가 안 된 아이들이랍니다.

아이들이 살던 집도, 뛰놀던 학교도 모두 사라져 폐허로 변해 버렸어요. 이제는 더 이상 갈 수조차 없는 곳이 되었지요. 전쟁이 날 때마다 폭격과 총성을 피해 이리저리 옮겨 다녀야만 하는 리마의 현실이 너무나 슬프고 힘겨워만 보여요. 리마는 아무 잘못이 없어요. 그런데 왜 이렇게 힘든 일을 겪어야만 할까요?

분쟁은 아픔이에요

국제 구호 단체인 월드비전에서 시리아를 비롯한 7개국(한국, 뉴질랜드, 독일, 아일랜드, 캐나다, 오스트레일리아)의 아동을 대상으로 '전 세계 아이들의 두려움과 꿈'에 대해 설문 조사를 진행했어요. '무엇이 두려운가요?'라는 질문에 한국 아동의 47%가 "괴물과 귀신"이라고 답했어요. 어쩌면 당연한 결과인 듯 보이지만, 꼭 그렇지만은 않아요. 독일과 오스트레일리아,

아일랜드의 아동은 "전쟁과 테러"가 두렵다고 말했으니까요. 그 이유는 이들 나라에서 테러가 종종 발생하기 때문일 거예요. 시리아 아동의 절반 정도는 "안전을 위협하는 비행기 폭격과 폭탄"을 두려워했어요. 평화롭게 사는 우리와 달리 시리아의 아이들은 당연히 누려야 할 안전의 권리를 누리지 못하고 있어요. '꿈이 무엇인가'에 대한 질문에도 세계의 많은 아이들이 "좋은 직업"을, 특히 한국 아동의 대다수는 "좋은 직업이나 아이돌 가수"였는데 반해 시리아 아동은 "평화로운 세상, 집으로 돌아가는 것"이 꿈이었어요. 어떻게 이런 게 꿈일 수 있을까라고 생각할 수 있지만, 내전 때문에 수많은 폭격을 겪어야만 했던 시리아 아이들에게는 그것이 곧 현실이랍니다.

세계에서 가장 가난한 나라로 알려져 있는 아프리카 우간다의 카라모자 지역에서는 부족 간의 전쟁으로 부모님이 목숨을 잃게 되면서 어린아이들이 생계를 책임지고 있어요. 강가 사금 채취장에서는 일곱 살밖에 안 된 쌍둥이 남매가 먹고살기 위해 젖먹이 동생을 업고 하루 종일 일을 해야 해요. 미얀마의 수용소에서 태어난 로힝야족의 한 소년은 이유도, 영문도 모른 채 이름이 아닌 번호가 붙여졌고, 가족과 뿔뿔이 떨어져 지내지요. 배를 채울 만한 음식도 거의 없고 학교를 다닐 수도, 마음대로 밖을 나갈 수도 없답니다. 사랑과 평화가 넘칠 것만 같은 예루살렘의 팔레스타인에 사는 한 소녀는 집으로 가는 길에 떨어진 폭탄에 두 다리를 모두 잃었어요. 걸을 수 없게 된 이 소녀는 엄청난 슬픔에 빠져 있죠. 가족은 테러를 피해 다른 곳으로 떠나려고 하지만 아직 갈 곳을 찾지 못하고 있어요.

우리가 살고 있는 지구촌에서는 여전히 서로에게 총과 칼을 겨누고 있습니다. 이 시간에도 수많은 사람들이 다치고 목숨을 잃지요. 폭격으로 마을이 파괴되면서 삶의 터전을 잃은 사람들은 다른 나라로 떠나기도 해요. 하지만 아무것도 가진 것이 없는 이들을 반기는 나라는 많지 않아요.

많은 사람이 고통 속에서 살아가야만 하는데 왜 서로 총을 겨누며 싸워야 할까요? 전쟁을 하지 않고 갈등을 줄일 수 있는 방법은 없을까요? 지금부터 우리는 세계를 들썩이게 하는 갈등과 분쟁, 더 나아가 전쟁에까지 이른 여러 이야기를 알아보려 합니다.

갈등과 분쟁, 그리고 전쟁

지구촌을 슬픔으로 몰아넣는 갈등, 분쟁, 그리고 전쟁은 과연 무엇일까요? 아무런 잘못도 없는 여러분 또래의 어린이가 집과 가족을 잃거나 죽어 가고 있어요. 도대체 세계는 왜 서로 싸울까요? 지구촌의 슬픔을 없애고 상처를 줄이려면 먼저 어떤 상처인지, 또 상처는 왜 생겼는지에 대해 정확히 알아야 해요.

갈등, 분쟁, 전쟁, 이 세 단어는 비슷하면서도 뜻이 조금씩 달라요. 우리 생활에서 어떻게 사용되는지 살펴보면 좀 더 쉽게 이해할 수 있어요. 다음의 낱말 뒤에 갈등, 분쟁, 전쟁 중 각각 어떤 단어가 들어갈 수 있는지 함께 생각해 봐요.

> 남녀 | 의료 | 6·25 | 종교 | 무역 | 자원

우리 일상이나 사회의 쟁점, 그리고 국제 관계에서 많이 소개되고 있는 단어예요. 각 단어 뒤쪽에 갈등, 분쟁, 전쟁을 하나씩 넣어 보면 쉽게 이해할 수 있습니다.

일반적으로 남녀 뒤에는 갈등을, 의료 뒤에는 갈등, 또는 분쟁을 붙여 사용해요. 그리고 누구나 다 아는 6·25 뒤에는 전쟁이 붙지요. 반면 종교, 무역, 자원 등은 그 뒤에 갈등, 분쟁, 전쟁의 세 용어가 모두 붙어요. 이를테면 종교 갈등, 종교 분쟁, 종교 전쟁이 그렇죠. 갈등과 분쟁과 전쟁의 의미를 어렴풋이 이해하기는 했겠지만, 좀 더 명확한 차이를 알아볼게요.

먼저 '갈등'은 칡을 뜻하는 갈(葛)과 등나무를 뜻하는 등(藤), 이 두 한자를 합친 단어예요. '뒤얽혀 있는 칡덩굴과 등나무 덩굴'을 표현하는 말로, 다른 가치나 의지를 가진 개인이나 집단이 서로 충돌하여 곤란을 겪는 상황을 말해요. '내적 갈등, 고부 갈등'의 개인적인 상황에서부터 '남녀 갈등, 여야 갈등'과 같은 집단 갈등, '한일 갈등, 미중 무역 갈등'과 같은 국가 갈등까지 사용되는 범위가 매우 넓답니다.

일반적으로 집단이나 국가 간의 갈등이 심화되면 '분쟁'이라는 용어를

사용해요. 한자로 '어지러운 다툼'을 뜻하는 분쟁(어지러울 분 紛, 다툴 쟁 爭)은 여러 가지 이유로 다툼이나 투쟁이 벌어지는 상황을 말해요. '국제 분쟁, 무역 분쟁, 자원 분쟁, 종교 분쟁' 등이 있어요. 작은 의미의 분쟁은 전쟁을 포함하지 않지만 큰 의미의 분쟁은 전쟁까지 포함할 수 있어요.

분쟁과 전쟁의 차이를 헷갈려 하는 경우도 종종 있어요. '싸우고 다툼'을 뜻하는 전쟁(싸울 전 戰, 다툴 쟁 爭)은 서로 대립하는 집단이 군사력을 사용해 벌이는 싸움이나 충돌을 말해요. 일반적으로 분쟁이 심해져 군사적인 유혈 충돌이 벌어진 경우를 말하지요. 우리가 익히 알고 있는 '베트남 전쟁, 한국 전쟁' 등이 전쟁의 예입니다. 실제 전쟁 상황까지 가지는 않았지만 분쟁이 격렬해진 상황을 전쟁으로 비유하여 사용하기도 해요. 무역 분쟁이 심화되는 상황을 일컬어 '무역 전쟁'으로 표현하는 것처럼요.

정도의 차이는 있지만 갈등과 분쟁과 전쟁 모두 서로 다른 생각을 가진 집단이나 국가 간의 충돌이에요. 이러한 충돌은 언제부터, 어떤 이유 때문에 발생했을까요?

분쟁의 씨앗, 국경?

나라와 나라의 땅이나 바다를 나누는 경계를 국경(國境)이라고 해요. 가령 우리나라의 경우 고구려, 백제, 신라와 같이 국가가 형성되면서 국경이 만들어졌어요. 대체로 강이나 산맥 등 기준이 되는 자연을 경계로 국경을 정하지요. 미국과 멕시코는 리오그란데강을, 프랑스와 에스파냐는 피레네산맥을, 이탈리아와 스위스는 알프스산맥을, 북한과 중국은 압록강과 두만강을 국경으로 하고 있어요.

자연 경계 외에도 아프리카나 북아메리카의 일부 국가에서처럼 **경선과 위선**˚을 기준으로 국경을 정하기도 하고, 옛 유고연방(유고슬라비아 연방 공화국)처럼 민족이나 언어와 문화를 기준으로 나누기도 해요.

국경 때문에 분쟁이나 전쟁이 일어난다면 아마 영토를 넓히기 위한 목적이 가장 클 거예요. 하지만 지금은 옛날처럼 영토를 넓히기 위해 전쟁을 벌이지는 않아요. 또한 세계화가 빠르게 진행되면서 예전과 같은 폐쇄적인 국경의 의미는 옅어졌어요. 영토뿐만이 아니라 분쟁의 원인이 점차 다양해지면서 전쟁으로까지 치닫는 사례도 많아졌지요.

> **경선과 위선**
>
> 경선은 지구의 남극과 북극을 잇는 선으로, 경도를 나타내요. 동서로 각각 0°~180°로 모두 360°입니다. 위선은 지구의 표면을 적도와 평행하게 남북으로 각각 0°~90°로 자른 선을 말하고, 위도를 나타냅니다. 경도와 위도로 위치를 나타내지요.

국경이 반듯하면 싸울 일이 없지 않나요?

만약 국경이 자로 잰 듯 반듯하면 어떨까요? 갈등도 싸울 일도 줄어들까요? 아프리카 지도를 보면 다른 대륙의 국가와 다른 점이 한눈에 보일 거예요. 아프리카 대륙에 위치한 여러 국가의 국경선은 반듯하게 직선으로 된 곳이 많아요. 직선이다 보니 지도를 그리기도 편하고, 국가 간에 국경을 두고 다툴 일이 없어 보이죠. 정말 그럴까요? 신비로움 가득한 열대 우림과 야생 동물이 뛰어노는 드넓은 초원, 낙타를 타고 사막 한가운데를 이동하는 상인들의 평화로운 풍경이 그려집니다. 하지만 직선으로 그어진 아프리카의 국경선 뒤에는 아픈 역사가 숨어 있어요.

지도에 아프리카 각 부족의 경계를 표시해 보면, 국경선과 서로 일치하지 않는 것을 알 수 있어요. 반듯반듯한 국경선은 19세기 아프리카를 식민 지배했던 프랑스, 영국, 독일 등 유럽의 강대국이 아프리카의 각 부족은 고려하지 않은 채 임의대로 나눈 결과예요. 국경을 사이에 두고 같은 부족이 서로 나뉘기도 했고, 한 국가 내에 여러 부족이 함께 자리를 잡기도 했어요. 결국 강대국 임의대로 그은 국경선 때문에 부족 간의 권력 다툼이 발생하고, 국가 간 갈등으로까지 번지기도 했지요. 이렇게 지역의 특성을 고려하지 않은 국경은 오히려 국가 내 갈등과 분쟁을 악화시키기도 합니다.

갈등과 분쟁은 언제 시작되었을까요?

'인류의 역사는 분쟁의 역사'라고 말할 수 있을 정도로 인류가 시작되면서부터 갈등과 분쟁은 항상 있었어요. 무리나 집단생활을 하면서도, 국가를 형성해 나가면서도, **제국주의**[*] 시대를 거치면서도, 현대 사회에서도 분쟁은 계속되었어요.

> **제국주의**
> 강력한 무력을 가진 국가가 다른 국가를 침략해 거대한 국가를 건설하려는 경향을 말합니다.

구석기 시대에 수렵 이동 생활을 하면서도 사람들은 식량을 차지하기 위해 개인 또는 무리 간의 갈등이 있었어요. 신석기 시대에는 정착 생활을 하게 되었고, 사람들은 거주와 농업에 좋은 땅을 갖기 위해 싸우곤 했어요. 사람들이 청동기와 철기를 이용하게 되면서는 농기구뿐만 아니라 무기도 발달하게 되었지요. 땅을 기반으로 했던 농경 사회에서 부족이 출현하고 계급이 생기면서 본격적인 영역 다툼이 시작되었어요. 부족 간의 크고 작은 분쟁은 영토 국가로 들어서면서 더욱 심해졌어요. 강한 군사력은 왕권을 지키는 힘이 되었어요. 국가 간 갈등과 분쟁은 대부분 전쟁으로 치달았죠. 전쟁을 치르면서 영토를 확장시켜 나간 왕조는 더욱 강력한 힘을 갖게 되었고, 전쟁에서 패한 왕조는 그 영토가 줄기도 하고 심지어 왕조가 사라지기도 했어요. 영토 국가의 단계에서는 주변국과의 갈등과 분쟁이 대부분이었지만, 과학 기술이 발전하면서 그 범위는 확대되었어요.

특히 18세기 산업 혁명 이후 세계열강(세계의 강대국들)으로 불렸던 유럽의 몇몇 국가들은 강한 군사력을 바탕으로 주변 국가뿐만 아니라 비교적 거리가 먼 아프리카나 아메리카 대륙의 국가들을 정복의 대상으로 삼았어요. 아프리카 대륙처럼 전 세계의 수많은 국가가 세계열강의 침략으로 식민 지배를 받았어요. 힘의 논리에 의해 서로 다른 민족과 인종이 함께 국가를 이루면서 갈등과 분쟁은 끊이지 않았어요. 세계열강이 서로의 힘을 과시하며 전 세계를 제1차 세계대전과 제2차 세계대전으로 불리는 전쟁의 소용돌이로 몰아넣었지요. 이 과정에서 수많은 사람이 목숨을 잃었어요.

세계는 지금도 여전히 분쟁 중이랍니다. 인구 3천만 명, 세계 최대의 민족인 쿠르드족은 역사상 단 한 번도 국가를 이루지 못한 채 수천 년에 걸쳐 지금까지도 분쟁 중이에요. 이스라엘의 유대인과 팔레스타인 사람 간

의 갈등도 수천 년 동안 이어져 여전히 분쟁 중이고요. 안타깝게도 세계 곳곳에서는 수많은 분쟁이 발생하고 있어요. 르완다, 수단, 소말리아, 시에라리온, 리비아 등 아프리카의 여러 국가뿐만 아니라 유럽, 아시아, 아메리카 등에 있는 여러 국가도 분쟁이 끊이지 않고 있답니다. 최근에는 주인이 없던 거대한 바다를 두고, 심지어 얼음덩어리인 북극해를 두고도 다툼이 벌어지고 있어요.

　이 모든 분쟁의 가장 근본적인 원인은 인간의 욕심 때문이에요. 서로를 이해하지 못하고 수용하지 못하면 분쟁은 언제 어디서든 계속돼요. 인간의 이기심이 불러일으킨 분쟁들은 과연 어떤 이유로 일어나는 걸까요? 분쟁을 줄이고 평화로운 지구촌을 위해서 우리는 어떻게 해야 할까요?

영토와 자원을 두고 싸워요

과연 국제 분쟁의 원인은 무엇일까요? 지금까지 국제 사회에서 발생한 분쟁은 그 원인이 다양해요. 땅이나 바다 등 영토를 두고 각국이 대립하기도 하고, 석유와 천연가스 등 자원을 확보하기 위해 다투기도 해요. 서로의 종교가 다르거나 같은 종교라도 종파가 달라서 갈등이 발생하기도 하지요. 인종과 민족의 차이로, 심지어 서로 사용하는 언어의 차이 때문에 갈등이 발생하기도 합니다.

지금도 여러 국가에서 국경과 크고 작은 섬, 강을 두고 영토 분쟁을 해요. 오랜 내전으로 갈라선 아프리카의 수단과 남수단은 국경을 두고 갈등이 지속되고 있어요. '중동의 집시'라고 불리는 쿠르드족은 영토 없이 튀르키예, 이란, 이라크, 시리아 등 중동의 여러 국가에 흩어져 살아요. 흩어져 있는 쿠르드족이 독립을 추진하는 과정에서 중동 국가와 갈등을 빚고 있어요.

최근에는 단순히 영토를 확대하는 것이 목적이기보다는 영토 안에 있는 물이나 석유, 천연가스 등 지하자원을 확보하는 과정에서 분쟁이 발생하는 경우가 많아요. 나일강, 유프라테스강, 티그리스강, 메콩강 등 여러 국가를 흐르는 국제 하천 유역에 자리한 국가들은 댐 건설로 심각한 물 부족 문제를 겪고 있어요. 100여 개가 넘는 산호초 섬으로 이루어진 남중국해의 난사 군도(스프래틀리 군도, 쯔엉사 군도) 주변 바다에는 석유 및 천연가스 등 지하자원이 풍부하다고 알려졌어요. 그 뒤 중국을 비롯해 베트남, 말레이시아 등 동남아시아의 여러 국가 간 갈등이 심화되고 있어요. 러시아 남서부의 아제르바이잔, 투르크메니스탄, 카자흐스탄, 이란 북부, 우즈베키스탄으로 둘러싸인 카스피해 역시 엄청난 원유가 매장되어 있는 것으로 밝혀지면서 여전히 갈등 중이랍니다.

뿐만 아니라 지구상에 남은 석유와 천연가스의 25% 정도가 묻혀 있다는 북극해, 남중국해 난사 군도 인근의 시사 군도(파라셀 군도), 중국과 일본이 분쟁 중인 동중국해의 조어도(센카쿠), 러시아와 일본이 분쟁 중인 쿠릴열도(북방 4섬)의 영토 분쟁도 알고 보면 그 땅에 엄청난 자원이 있기 때문이에요.

종교, 민족, 언어… 우린 문화가 달라요

지구촌 81억의 사람들은 저마다 달라요. 사람과 사람 사이에도 그 다름을 이해하고 수용하지 않으면 싸움이나 갈등이 발생해요. 국가도 마찬가지입니다. 종교, 인종, 민족, 언어 등의 문화적 차이 때문에 갈등이 발생해요. 세계의 많은 종교가 사랑과 자비, 평화를 근본이념으로 하지만 종교 간, 종파 간 갈등이 오히려 국제 분쟁의 원인이 되기도 해요. 특히 종교 문제가 인종이나 민족 문제와 결합되면 갈등이 심해지면서 전쟁으로 치닫는 경우도 있어요.

가톨릭교, 이슬람교, 그리스정교 등 여러 종교와 복잡한 민족 구성으로 갈등이 끊이지 않던 옛 유고슬라비아 지역은 오랫동안 전쟁을 치러야 했어요. 결국 여러 나라로 분리 독립하게 되었지만, 여전히 그 안에서 내전이 지속되고 있지요. 크리스트교, 이슬람교, 유대교의 성지 예루살렘은 유대인과 팔레스타인 사람의 분쟁이 끊이지 않아요. 결국 유대교와 이슬람교의 분쟁으로까지 확대되어 분쟁 중이에요. 힌두교 국가인 인도에서 유일하게 이슬람교를 믿는 무슬림이 다수를 차지하는 카슈미르주도 오랫동안 갈등 중에 있어요. 인도와 국경을 마주하고 있는 이슬람 국가 파키스탄이 이 문제에 개입하면서 분쟁은 더욱 심화되었답니다.

종교가 서로 다른 경우뿐만 아니라 같은 종교 내에서도 종파 간의 차이로 갈등이 발생해요. 아일랜드가 영국으로부터 독립하면서 영국령으로 남

겨진 북아일랜드는 영국 본토와 갈등을 빚고 있어요. 영국 본토와 종교가 같은 소수의 신교도(크리스트교의 성공회)가 다수의 구교도(크리스트교의 가톨릭) 주민을 차별하면서 신교와 구교 간의 분쟁이 확대되었지요. 주민 대부분이 이슬람교를 믿는 서남아시아 국가들도 종파의 차이로 갈등 중이에요. 이슬람교는 경전인 코란에 대한 해석의 차이로 크게 수니파와 시아파로 나뉘는데, 여러 국가에서 세력을 강화하기 위한 갈등이 발생하고 있어요. 국경을 마주하고 있는 두 이슬람 국가인 이란과 이라크도 서로 다른 종파와 민족 문제와 수로 문제까지 맞물려 오랫동안 갈등 관계에 있답니다.

  종교가 다를 때 갈등이 발생하듯 서로 다른 언어를 사용하는 경우에도 갈등이 생겨요. 단순히 사용하는 언어가 달라서라기보다는 인종과 민족 문제, 경제적 격차 문제가 맞물리면서 갈등이 생기지요. 때론 갈등이나 분쟁이 격해져 분리 독립을 추진하는 경우도 있어요. 유럽의 중심으로 불리는 벨기에는 네덜란드어를 사용하는 플랑드르 지역과 프랑스어를 사용하는 왈론 지역 간의 경제적 격차가 심해지면서 분쟁 사태까지 벌어지기도 했어요. 캐나다에서 영어가 공용어가 아닌 유일한 주 퀘벡은 주민 대부분이 프랑스어를 사용하면서 캐나다 연방으로부터 독립을 추진해 왔어요. 독립을 두고 수차례 주민 투표까지 진행했을 정도예요. 슬로바키아 전체 인구의 10%를 차지하는 헝가리인은 슬로바키아의 소수 민족 언어를 차별하는 정책 때문에 갈등을 빚고 있어요. 언어 차별에서 시작한 갈등은 민족 감정으로까지 불거지면서 갈등이 심화되었어요.

시대가 변하면 원인도 다양해져

지구촌에서 발생하는 갈등과 분쟁의 원인은 매우 다양하고 매우 복잡해요. 다양한 원인들이 얽히고설켜 해결하기 어려운 경우가 대부분이지요. 최근에는 과학 기술이 급속도로 발달하면서 새로운 유형의 갈등과 분쟁이 발생하고 있어요.

석유, 천연가스 등의 화석 연료가 분쟁의 주요 원인이던 자원 분쟁은 이제 스마트폰과 전기 차, 그리고 녹색 기술에 사용되는 희토류 등과 같은 필수 금속이 분쟁의 원인이 되고 있어요. 개인의 아이디어나 상품도 그 가치와 소유권을 인정받게 되면서 이에 대한 저작권이나 특허 등도 분쟁의 원인이 되고 있고요.

우리가 살고 있는 지구 생태계에 대한 가치가 중요해지면서 환경 파괴나 유해 폐기물, 핵발전소 건설 등을 두고도 지역이나 국가 간에 갈등이 발생해요. 최근에는 미세 먼지의 이동과 원인을 두고도 국가 간에 갈등이 발생하지요. 생태계 파괴의 주범으로 떠오른 미세 플라스틱 문제도 국제 사회에서 중요한 갈등 원인이 되고 있답니다.

이처럼 세계는 국가 간의 교류 확대와 과학 기술의 발달로 더욱 가까워지며 많은 문명의 혜택을 누리고 있지만, 이와 함께 갈등의 원인도 다양해지고 분쟁도 많아지고 있답니다.

암초는 우리 땅

똑똑한 생각의 고리

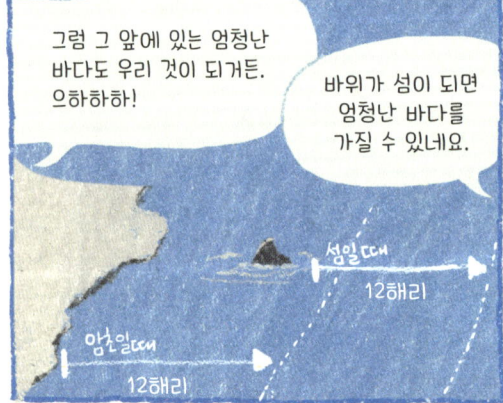

이렇게 생각해 봐요!

'오키노토리'는 일본의 도쿄에서 남쪽으로 1,740km나 떨어진 아주 작은 바위예요. 거리상으로 일본보다는 중국이나 필리핀과 더 가까워요. 가로 2m, 세로 5m 크기로, 파도가 높게 일면 전체가 물에 잠기는 암초지요. 하지만 일본은 이를 암초라고 하지 않고 섬으로 부르고 있어요. 과연 섬으로 인정받을 수 있을까요? 여러분의 생각은 어떤가요?

국제 사회에서는 이러한 암초를 섬으로 인정하지 않아요. 인공 섬을 영토로 인정한다면 많은 국가들이 서로 앞다투어 인공 섬을 만들고 주변 바다를 두고 싸우겠죠. 그럼에도 불구하고 세계 여러 국가에서는 이와 비슷한 일을 여전히 벌이고 있어요. 왜 이렇게까지 하는 걸까요?

제 2 부 세계의 갈등은

왜 생길까

현재 세계 여러 지역에서 나타나는 국가 간 갈등은 인류가 부족이나 국가를 만들기 시작하면서부터 나타난 현상입니다. 땅 때문에, 자원 때문에, 종교 때문에 이유는 다양하지요. 또 보통 한 가지가 아니라 여러 가지 원인이 복잡하게 뒤섞여서 나타나는 경우가 많아요. 세계는 지금 왜 싸우는지, 왜 싸웠는지 하나하나 살펴봅니다.

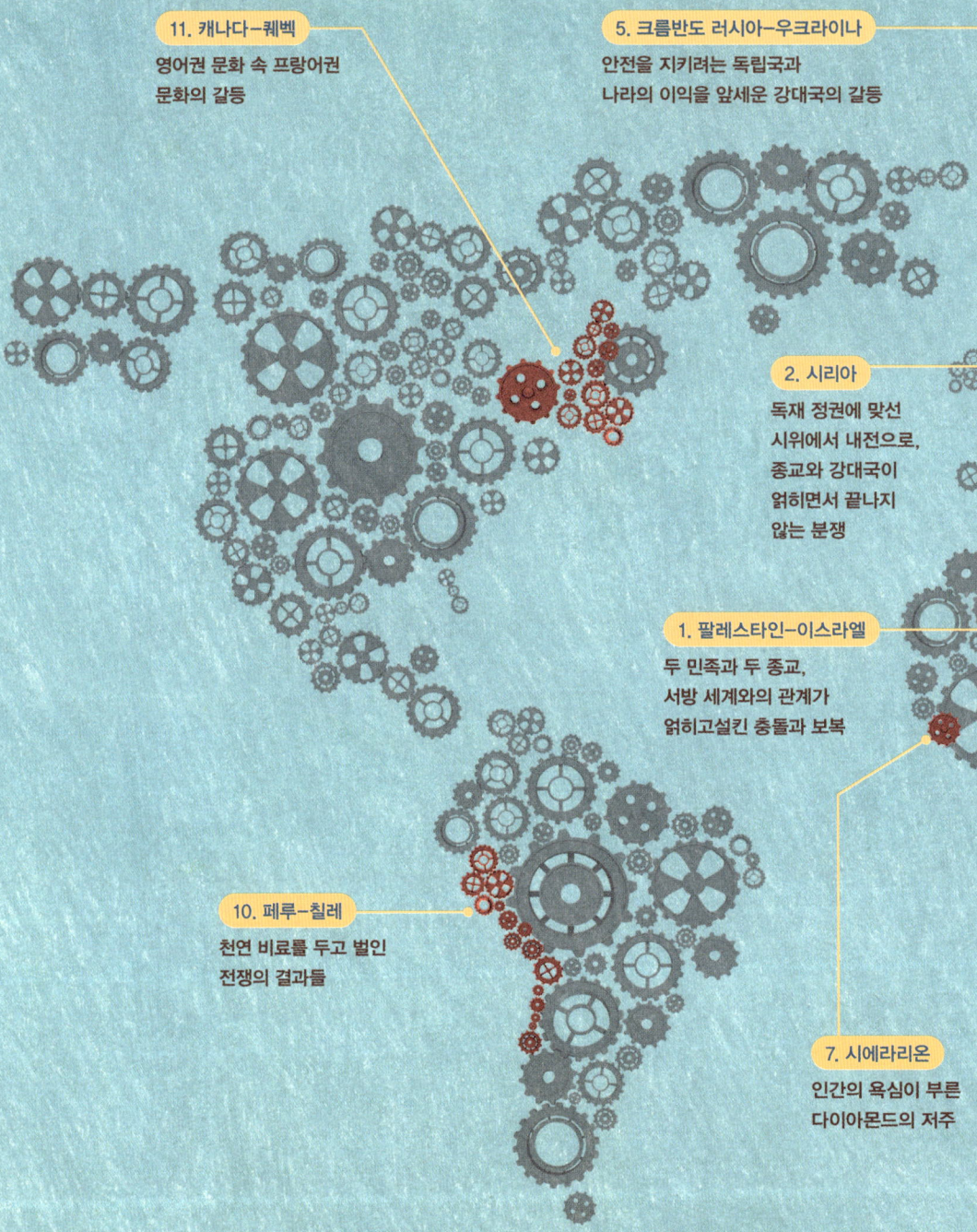

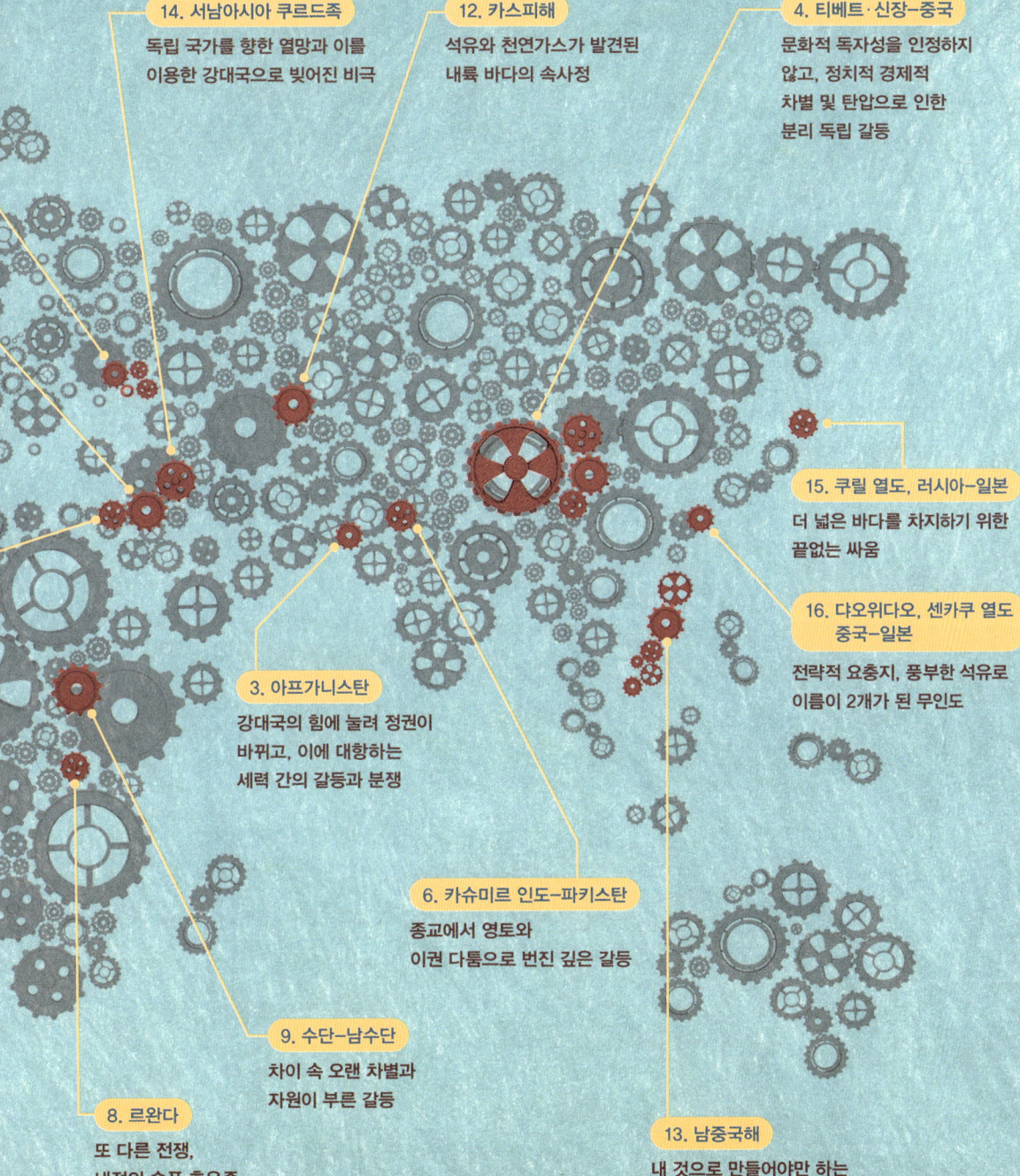

민족, 종교

세계의 화약고, 팔레스타인-이스라엘

팔레스타인에는 왜 두 민족이 살까요?

가자 지구라고 들어 본 적 있나요? 지구촌 뉴스나 신문 기사에 가자 지구가 폭격당했다거나 가자 지구를 봉쇄했다거나 가장 슬픈 라마단 기간을 보내는 가자 지구의 사람들이라거나 하는 내용이 종종 보도돼요. 이 기사에서 말하고 있는 상황을 이해하려면 팔레스타인에 대해 알아야 해요.

팔레스타인은 예전에 가나안, 유다, 유대 등 여러 이름으로 불렸어요. 그러다 135년 로마 제국이 유대인의 반란을 진압한 뒤, 그 지역의 종교를 없애기 위해 유대인을 가장 괴롭혔던 민족인 '팔레스타인(블레셋)'의 이름을 붙여 불렀다고 해요. 지금 팔레스타인에는 이스라엘과 팔레스타인국으로 불리는 두 개의 나라가 함께 있어요. 두 나라의 갈등으로 테러와 보복이 끊임없이 일어나고, TV 뉴스에도 자주 보도되지요.

같은 지역에 서로 다른 민족이 산다고 해서 꼭 갈등이 생기고 전쟁을 하는 건 아니에요. 현재의 갈등을 이해하기 위해서는 역사를 돌아볼 필요가 있습니다. 팔레스타인에는 왜 두 개의 민족이 함께 살게 되었고, 어떤 갈등 때문에 서로 싸우는지 한번 알아볼까요?

팔레스타인은 유럽, 아랍, 아프리카를 연결하는 지중해의 동남쪽에 자리하고 있어요. 오래전부터 이집트, 페르시아, 알렉산드로스 제국, 로마 제국, 비잔틴 제국, 오스만 제국 등 강한 국가들이 이곳을 차지하기 위해 치열하게 경쟁했지요. 그러다 보니 전쟁이 끊이지 않던 곳이기도 해요.

이 지역에 처음 정착해서 국가를 세운 것은 이집트에서 탈출한 유대인입니다. 기원전 13세기경의 일이지요. 다윗, 솔로몬 시기를 거치면서 번성했지만, 솔로몬 왕이 죽은 뒤 북쪽의 이스라엘 왕국과 남쪽의 유대 왕국으로 나뉘었어요. 이후 북쪽의 이스라엘은 아시리아 제국에 의해 멸망하고, 남쪽의 유대 왕국도 신바빌로니아 왕국에 의해 멸망했어요. 그 뒤 포로로 끌려갔던 유대인들이 돌아왔지만, 이후로도 계속 페르시아, 알렉산드로스 제국, 로마 제국의 지배를 차례로 받았답니다. 로마 제국의 지배를 받으면서 크게 저항했지만 실패로 돌아가고, 유대인은 아라비아반도, 북부 아프리카, 유럽 등 여러 지역으로 흩어졌어요. 이렇게 흩어져 지내는 유대인을 디아스포라(Diaspora)라고 해요.

이후 팔레스타인 지역은 614년 페르시아의 침입을 받고, 636년부터 이슬람 세력의 지배를 받았어요. 뒤이어 튀르키예계 이슬람 왕조인 맘루크 왕조, 1517년 이후에는 오스만 제국의 지배를 받으면서 아랍인이 정착하게 되었지요.

팔레스타인은 처음에 유대인들이 살던 곳이었지만, 유대인이 떠난 이후 로마 시대부터 20세기까지는 이슬람 제국이 지배한 곳이에요.

디아스포라가 뭐예요?

디아스포라(Diaspora)는 그리스어에서 나온 말로 '씨를 뿌린다'는 뜻이에요. 같은 민족 사람들이 스스로 혹은 강제로 고향을 떠나 멀리 떨어진 지역에서 정착해 사는 것을 말합니다. 이를테면 고대 그리스는 정복한 지역을 식민지로 만들기 위해서 그리스 사람들을 그곳으로 이동시켜 살도록 했어요. 16세기 아프리카의 흑인 원주민은 유럽인에 의해서 대규모로 아메리카 지역에 노예로 팔려 갔지요. 19세기에는 아일랜드인이 종교적 차별과 경제적 어려움으로 영국, 미국, 캐나다, 오세아니아로 대규모 이주를 했어요. 우리나라도 많은 사람이 일제의 탄압을 피하고 독립운동을 하기 위해 미국, 중국, 일본, 러시아로 이주했지요.

'디아스포라'는 좁은 의미로는 주변 국가의 침입을 받고 예루살렘으로부터 추방당한 유대인을 상징하는 말이에요. 최근에는 보다 넓은 의미로 특정 민족보다는 '흩어진 민족', 자신의 나라 이외의 지역에서 살아가는 사람들을 가리킨답니다.

지켜질 수 없는 영국의 약속

오랜 기간 이슬람 문화를 형성하고 이슬람교를 믿는 사람들이 살던 팔레스타인에서 언제부터, 왜 유대인과 아랍인이 싸우게 되었을까요?

19세기 유럽에서는 민족주의 운동이 퍼져 나갔어요. '민족주의'는 같은 문화와 같은 역사를 가지면서 특정 지역에 애착을 갖는 사람들이 느끼는 감정을 바탕으로, 개인이 국가에 충성을 다하고 헌신해야 한다는 사상이에요. 그래서 자신이 속한 민족의 역사와 전통은 다른 민족보다 뛰어나고 자신이 속한 민족은 다른 민족과 구별된다고 믿어요. 이러한 민족주의 운동이 프랑스, 독일 등으로 확산되면서 유대인에 대한 탄압이 점점 심해졌고, 유대인은 나라가 없는 서러움을 뼈저리게 느꼈어요.

이 과정에서 1897년 스위스 바젤에서 팔레스타인에 유대인의 독립 국가를 건설하자는 운동인 '시오니즘 운동'이 시작되었어요. 이후 많은 유대인이 자신들의 고향이라고 할 수 있는 팔레스타인으로 이동하기 시작했어요. 하지만 이미 그곳에는 아랍인이 정착해서 살고 있었기 때문에 새로 이주해 오는 유대인과 갈등을 빚었지요.

그리고 제1차 세계대전을 겪으면서 두 민족에게 지킬 수 없는 약속을 한 영국 때문에 갈등은 점차 심해졌어요. 연합국인 영국은 아랍 지도자에게 제안합니다. 연합국이 승리할 경우 아랍인을 독립시켜 줄 테니 그 땅을 지배하고 있는 오스만 제국에 반란을 일으키라고요. 그리고 협정을 맺었어요. 아랍인은 협정대로 팔레스타인 지역 곳곳에서 반란을 일으켰어요.

영국은 프랑스와도 협정을 맺었어요. 전쟁 후 오스만 제국이 지배하고 있는 중동 지역을 나눠 지배하기로요. 이와는 별도로 영국의 외무 장관 아서 밸푸어는 '팔레스타인에 유대인이 국가를 만들 수 있도록 돕겠다'는 선언을 발표했지요.

영국은 제1차 세계대전에서 이기기 위해 유대인, 아랍인과 각기 다른 약속을 한 셈이에요. 이러한 영국의 외교 정책이 지금의 팔레스타인 갈등의 직접적인 원인이기도 합니다.

영국이 바라던 대로 제1차 세계대전에서 연합국이 승리했어요. 문제는 영국이 약속을 지킬 수가 없었다는 점이에요. 전쟁 이후 영국이 팔레스타인을 위임 통치하면서 아랍인과 유대인의 갈등이 점점 확대되었어요. 이에 영국은 팔레스타인을 아랍인 영토와 유대인 영토로 나누는 방안, 유대인과 아랍인의 공동 정부를 구성하는 방안을 제시했어요. 그러나 유대인과 아랍인 모두 거절했어요.

이처럼 유대인과 아랍인의 갈등을 해결할 방안을 전혀 찾지 못하고 있는 상황에서 1939년 제2차 세계대전이 일어났어요. 전쟁을 일으킨 독일이 수많은 유대인을 학살하자 유럽에 있던 유대인의 팔레스타인 이주는 더욱 늘어났고, 그에 따라 아랍인의 반발도 더욱 심해졌어요.

두 민족의 갈등은 전쟁이 끝난 후에도 해결점을 찾지 못했어요. 결국

영국은 1947년 팔레스타인 문제를 해결해 달라고 국제연합(UN)에 부탁했어요. 국제연합은 팔레스타인을 아랍 국가(영토의 45%)와 유대 국가(영토의 55%)로 나누는 방안을 결정했지만, 아랍인이 이를 거부했어요.

더는 기다릴 수 없다고 판단한 유대인은 1948년 5월 14일 이스라엘을 세우고 일방적으로 독립을 선포했어요. 이에 반발한 주변 아랍 국가 이집트·요르단·레바논·시리아 등이 이스라엘을 침공하면서 제1차 중동 전쟁이 일어났지요. 전쟁은 이스라엘의 승리로 끝이 났고, 이스라엘은 서부 팔레스타인 영토의 80%를 차지했어요. 이후 세 차례에 걸쳐 중동 전쟁이 더 일어났지만 모두 이스라엘의 승리로 끝났어요. 이 과정에서 아랍 국가들이 힘을 합쳐 1964년 '팔레스타인해방기구(PLO)'를 조직하고 팔레스타인 지역에 아랍인 독립 국가를 세우기 위한 싸움을 이어 갔어요.

평화를 위한 노력, 이스라엘과 팔레스타인해방기구

네 차례에 걸친 중동 전쟁 이후, 이스라엘과 이집트는 1977년 평화조약을 맺었어요. 그러자 팔레스타인해방기구는 자신들을 빼고 체결한 평화조약에 크게 반발했어요. 아랍 국가들도 팔레스타인 문제를 해결하지 않고 이스라엘과 평화조약을 맺은 이집트를 아랍연맹에서 퇴출시켰어요. 이어 이스라엘에 반대하는 아랍인이 집단으로 저항하기 시작했는데, 이를 '인티파다(Intifada)'라고 해요. 1988년 팔레스타인해방기구는 가자 지구와 웨스트뱅크 지역을 영토로 하는 팔레스타인 독립 국가를 일방적으로 선포했어요. 미국과 이스라엘은 크게 반발했지만, 국제연합은 팔레스타인 아랍인 독립 국가를 인정했습니다.

이러한 갈등 속에서 1993년 노르웨이 오슬로에서 이스라엘의 라빈 총리와 팔레스타인해방기구의 아라파트 의장이 '팔레스타인 잠정자치 공동선언(오슬로 협정)'에 합의했어요. 이 협정으로 팔레스타인 자치 정부가 만들어졌고, 이스라엘의 라빈 총리와 팔레스타인해방기구의 아라파트 의장은 노벨 평화상을 수상하기도 했어요. 그 뒤 미국의 중재로 오슬로 협정 Ⅱ가 체결됐어요. 이 협정으로 팔레스타인의 자치 구역이 베들레헴 등 요르단강 서쪽 7개 주요 도시와 450여 개 소규모 마을로 확대되었어요.

하지만 이스라엘 내의 반대파가 라빈 총리를 암살하는 충격적인 사건이 발생하고 말았어요. 팔레스타인에서는 자치 정부 구성을 위한 총선거에서 아라파트가 초대 대통령으로 뽑혔지만, 내부의 반대파들이 테러를 벌이면서 평화 관계가 위태로워졌지요.

이스라엘과 팔레스타인 내부의 혼란 속에서도 오슬로 협정의 세부 실천 사항이 속속 결정되었어요. 그러자 2000년 아랍인 거주 지역에서 반이스라엘 투쟁인 제2차 인티파다가 일어나면서 평화협정은 크게 흔들렸어요.

라빈 총리의 뒤를 이은 이스라엘의 샤론 총리가 팔레스타인에 대해 강경한 태도를 보이자, 팔레스타인 내에서 이스라엘과의 평화협정에 반대하는 단체가 자살폭탄 테러로 대응을 했어요. 그러면서 반대 단체를 이끄는 하마스와 이스라엘 사이에 '피의 보복'이 한동안 계속되었어요.

이후 2012년 국제연합은 팔레스타인 자치 정부를 독립 국가 자격으로 국제회의에 참여할 수 있도록 했어요. 하지만 오슬로 협정의 세부 사항에 대해 주변 국가와 팔레스타인 내부의 반대 단체를 이끄는 하마스 등이 반대하면서 평화를 위한 해결점은 지금까지도 찾지 못한 상황이에요. 더욱이 지난 2017년 12월 미국의 트럼프 대통령은 예루살렘을 이스라엘의 수도로 인정한다는 발표를 했고, 이에 아랍 국가들과 하마스 등의 단체가 크게 반발하면서 갈등은 계속되었어요.

이러한 상황에서 2023년 이스라엘 사람들의 부활절 기간과 팔레스타인 사람들의 라마단 기간에 여러 차례 충돌이 일어났고 체포 과정에서 갈등이 더욱 심해졌어요. 결국 하마스가 이스라엘을 대규모로 공격하면서 전쟁이 일어났어요. 지금도 전쟁이 계속되고 있기 때문에 사상자 수는 더욱 늘어날 수밖에 없는 안타까운 상황이에요.

팔레스타인은 이스라엘과 아랍 국가 간의 갈등, 미국 등 서방 세계와의 복잡한 관계 속에서 여전히 충돌과 보복이 반복되는 불안한 지역이에요. 국제 사회의 중재로 많은 평화 협상이 있었지만, 불신과 갈등 때문에 쉽사리 해결점을 찾기 어려운 지역입니다.

종교, 권력 다툼

시리아의 눈물과 희망

축복과 저주를 한 몸에 받은 시리아

축복과 저주를 동시에 받은 나라라니, 시리아는 어떤 나라일까요? 시리아는 유럽·아프리카·아시아를 연결하는 교통의 중심지로 일찍부터 경제와 문화가 크게 발달했어요. 지중해에 접해 있으면서 서쪽으로 레바논, 남쪽으로는 이스라엘과 요르단, 동쪽으로는 이라크, 북쪽으로는 튀르키예와 국경을 맞대고 있으니 지리적으로 축복을 받은 나라지요. 그러나 축복받은 지리적 위치는 주변국과 이민족에게 빼앗고 싶은 대상이 되기도 했어요. 고대 아카드 제국의 침략을 시작으로 아시리아, 바빌로니아, 페르시아, 그리스, 로마, 비잔틴 제국, 오스만 제국, 프랑스 등에게 침략을 당하고 지배를 받아야만 했습니다.

독재 정치가 만들어 낸 내전

오랫동안 주변 나라의 침략과 지배를 받은 시리아는 제1차 세계대전이 끝난 1920년 3월 '시리아 아랍 왕국'을 선포했어요. 그것도 잠시 같은 해 7월 프랑스의 침략으로 다시 식민 지배를 받다가 1946년에야 독립하지요.

시리아는 독립한 이후 1958년 이집트와 함께 '아랍연합공화국'을 만들었어요. 그러나 이집트가 일방적으로 주도하자 이에 불만을 품고 1961년 탈퇴했어요. 그 뒤 시리아 내에서 권력을 차지하기 위한 다툼이 오랜 기간 이어지면서 혼란한 시기를 보냈습니다. 힘들게 싸워서 독립했지만, 독립 후에는 시리아 내에서 권력을 잡기 위해 서로 다투는 안타까운 상황이었지요.

수차례의 권력 다툼 끝에 1971년 하페즈 알아사드가 대통령에 뽑혔어요. 이 사람은 무려 30여 년간 권력을 잡고 독재 정치를 펼쳤어요. 하페즈 알아사드가 죽은 뒤 그의 둘째 아들 바샤르 알아사드가 대통령에 뽑혀서 권력을 이어 갑니다. 새로 뽑힌 대통령은 아버지와는 달리 개혁·개방 정책을 펼쳤고, 정치범을 풀어주는 등 '다마스쿠스의 봄'이라 불리는 민주화 정책을 추진하기도 했어요. 그렇다 하더라도 특정 가문이 권력을 세습했다는 비판으로부터 자유로울 수 없었지요.

2010년 아프리카 북부의 튀니지에서 시작된 민주화 운동 '아랍의 봄'은 주변 나라에도 큰 영향을 주었어요. 튀니지의 민주화 운동에 자극을 받은 시리아의 학생들이 2011년 독재 정치에 반대하는 시위를 일으켰어요. 정부는 학생들을 무력으로 진압했지요. 특히 남부 지방 다라에서 정부를 비판하는 낙서를 한 중학생들이 체포되었고 심한 고문을 받았다는 사실이 알려졌어요. 여기에 분노한 시민이 합류하면서 시위대의 규모가 걷잡을 수 없이 커졌어요. 시리아 정부는 자신들의 뜻에 반대하는 세력을 무력으로 굴복시키려고 했고, 이 과정에서 시민이 죽게 되는 안타까운 사고가 발생했어요. 그러자 시위대는 알아사드 정권에게 물러날 것을 요구했지요. 당연히 정부는 이러한 요구를 받아들이지 않았고요.

결국 2012년 정부군과 반정부군 간의 내전이 발생했어요. 처음에는 정부군과 반정부군의 싸움이었지만, 이후 이슬람교의 시아파는 정부군을, 수니파는 반정부군을 지지하면서 종교 간의 갈등으로까지 확대됐어요.

국제 사회의 개입, 내전은 끝날 수 있을까?

그러던 중 시리아 내전에서 화학 무기가 사용되었다는 주장이 나왔어요. 국제 사회에서는 시리아 내전에 개입해야 한다는 논의가 시작되었고 상황은 더욱 복잡해졌어요. 미국이 주도하는 연합군은 처음에 반정부군 세력의 편을 들었지만, 이슬람 수니파 무장 단체인 IS(Islamic State, 이슬람국가)가 세력을 키워 나가자 입장을 바꿔 IS의 근거지를 공격했어요. 러시아는 시리아 정부와 우호적인 관계를 유지하면서 정부군을 지원했고요. 여

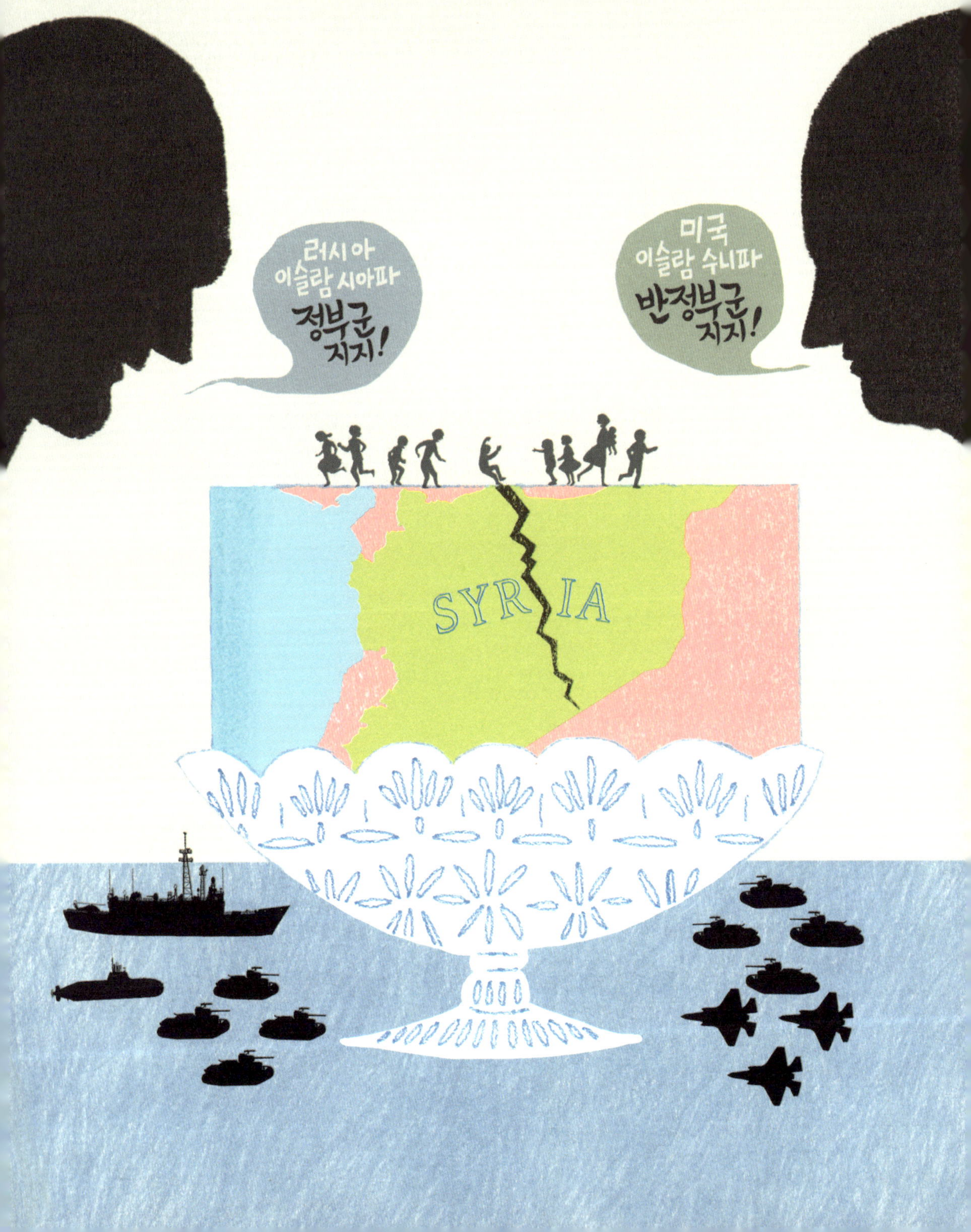
러시아
이슬람 시아파
정부군
지지!
미국
이슬람 수니파
반정부군
지지!
SYRIA

러 상황이 복합적으로 엮이면서 시리아 내전은 쉽게 끝나지 않았어요.

그렇다고 국제 사회에서 손 놓고 있을 수만은 없었어요. 2015년 11월, 오스트리아 빈에서 17개국이 모여 시리아 평화 회담을 개최했어요. 시리아의 헌법을 새로 제정하고, 18개월 안에 국제연합 주도하에 총선거 및 대통령 선거를 하는 등 합의안을 만들었지요. 국제연합 안전보장이사회에서는 이를 지지하는 결의안을 채택했어요. 시리아의 내전은 곧 끝나는 듯했어요.

여전히 내전은 진행 중…

그러나 희망은 곧 무너지고 말았어요. 2016년 2월 스위스 제네바에서 시리아 정부와 반정부군 간에 평화 협상이 열렸지만 큰 성과 없이 끝났어요. 그 뒤 두 세력이 2016년 12월 30일을 기준으로 휴전에 합의했지만, 이후 여러 지역에서 무력 충돌이 일어나면서 휴전은 없던 일이 되었지요.

회담과 휴전이 깨지면서 2017년 4월 4일 시리아 정부군이 반정부군을 화학 무기로 공격했고, 미국은 화학 무기 사용에 대한 응징으로 시리아 공군 기지를 미사일로 공격했어요. 다행히 다음 날 시리아 반정부군을 지원하는 미국과 시리아 정부를 지지하는 러시아가 휴전 협상을 하면서, 7월 9일 시리아 남부 및 서부 지역에서 휴전이 성립되었어요.

하지만 시리아의 내전은 여전히 계속되고 있어요. 정부군을 공동의 적으로 삼고 대립 중인 반정부군이 활동하고 있으니까요. 내전이 오래도록 이어지면서 2011년~2018년까지 무려 100만여 명의 난민이 발생했어요. 그만큼 이동 중에 목숨을 잃거나 정착할 나라를 찾지 못해 떠도는 사람들이 많다는 얘기지요.

시리아 내전이 계속되면서 종파간의 대립과 갈등도 더욱 심해졌어요. 이라크에서 테러 활동을 벌이던 IS는 시리아 내전이 시작되자 활동 무대를 시리아로 옮겼어요. 이들은 크리스트교를 비롯한 다른 종교는 물론, 같은 이슬람의 시아파까지 상대를 가리지 않고 중동과 유럽 지역에서 테러를 일으켜 전 세계를 공포에 떨게 했어요. 지금은 국제 동맹군의 지원을 받은 시리아 정부군과 쿠르드족, 이슬람 시아파 민병대, 이라크 등의 반격을 받고 세력이 급속도로 약해진 상태예요.

한편, 시리아 북동부에 거주하는 쿠르드족은 IS 격퇴에 적극적으로 참여했어요. 쿠르드족은 시리아, 튀르키예, 이란, 이라크 등에 흩어져 사는 민족인데, 주로 국경 산악 지대에서 유목을 하며 생활해요. 이들은 IS를 격퇴하고 이를 기회로 독립 국가를 세우려는 목표가 있었어요. 이런 상황에서 쿠르드족의 독립 국가 건설을 원치 않는 튀르키예가 시리아 내의 쿠르드족이 거주하고 있는 지역을 공격하면서 내전은 꼬리에 꼬리를 물고 더욱 복잡해졌답니다.

자연이 가져다준 축복에도 불구하고 권력을 향한 인간의 욕심과 상대를 인정하지 않는 이기심이 서로에게 상처와 아픔만 남긴 나라, 시리아. 언제쯤 시리아에 평화가 찾아올까요?

이것만은 콕콕!

지구촌을 긴장시키는 테러

'테러(Terror)'는 개인이나 단체가 정치적·종교적 목표를 이루기 위해서 살인, 납치, 저격 등의 방법을 통해 상대방을 위협하는 것을 말해요. 라틴어로 '공포'라는 뜻인데, 같은 의미로 사용되는 '테러리즘(Terrorism)'은 프랑스혁명 시기에 로베스피에르라는 사람이 시행한 '공포 정치'를 가리키는 말이었어요. 예전에는 혁명이나 정치 개혁을 위해 테러를 일으켰지만, 제2차 세계대전(1939~1945) 이후부터는 종교 갈등, 민족 분리·독립 등을 이유로 테러를 일으키고 있어요.

대표적인 테러 단체로는 오사마 빈 라덴이 이끈 국제 테러 조직으로 9·11테러를 일으킨 알카에다(Al-Qaeda), 시리아에 본부를 두고 중동(서아시아)과 유럽 등에서 테러를 일으켜 전 세계를 공포에 떨게 한 IS, 이스라엘에 저항하는 팔레스타인 무장 단체 하마스(Hamas), 미국과 이스라엘을 상대로 테러를 일으켜 온 레바논의 무장 단체 헤즈볼라(Hezbollah) 등이 있어요.

오늘날 테러는 그 방법이 잔혹하고 대상도 가리지 않는다는 특징이 있어요. 이 과정에서 아무 관련이 없는 사람들까지 목숨을 잃는 경우가 많아요. 테러는 지구촌 평화를 위한 방법이 아닌 또 다른 폭력을 불러일으키는 행동일 뿐이에요. 폭력은 어떤 경우에도 정당화될 수 없으며, 갈등과 분쟁을 해결하는 방법이 아니라는 것을 기억해야 합니다.

권력 다툼, 강대국 개입

분쟁으로 폐허가 된 아프가니스탄

동서양 문화를 이어 주는 비단길의 나라

2001년 9월 11일 전 세계 사람들에게 큰 충격을 준 사건이 일어났어요. 세계 정치와 경제의 중심지라고 할 수 있는 미국 뉴욕의 세계무역센터 쌍둥이 빌딩에 두 대의 비행기가 차례로 충돌하면서 거대한 화재가 발생했어요. 110층 높이의 쌍둥이 빌딩은 잠시 후 차례로 무너져 내렸어요. 전 세계 사람들은 TV 화면을 통해 믿을 수 없는 이 장면을 보고 충격에 빠졌어요. 게다가 미국의 수도 워싱턴에 있는 국방성(한국의 국방부에 해당하는 기관)에도 비행기가 충돌하는 사건이 일어났어요. 미국은 국가 비상사태를 선포하고 모든 공항에 비행기 이착륙을 금지했지요.

세계 최강대국이라고 할 수 있는 미국에 군사적 공격이나 다름없는 테러를 일으킨 것은 누구일까요? 이 끔찍한 사건은 알카에다라는 이슬람 테러 단체가 일으켰고, 오사마 빈 라덴이라는 사우디아라비아의 테러리스트가 계획한 것으로 밝혀졌어요. 그가 숨어서 활동하던 지역이 바로 지금부터 살펴볼 아프가니스탄이에요. 전 세계 사람들은 9·11 테러 사건으로 아프가니스탄이라는 나라를 알게 되었지요.

아프가니스탄은 동쪽으로 중국, 남쪽과 남동쪽은 파키스탄, 서쪽은 이란, 북쪽은 우즈베키스탄·타지키스탄과 국경을 접하고 있는 중앙아시아에 속한 나라예요. 또한 14개 이상의 다양한 인종과 민족으로 구성된 나라지요. 게다가 국토의 4분의 3이 해발 1,000m 이상의 고원 지대여서 종족 간의 교류도 많지 않아요. 그러다 보니 독립성이 강하고 전통을 중요하게 생각했지요. 이러한 지역적 특성은 오사마 빈 라덴을 비롯한 테러리스트와 테러 단체가 숨기에 좋았어요.

여러분은 혹시 실크로드, 비단길에 대해 들어 본 적이 있나요? 맞아요. 비단길은 중국의 유명한 특산물인 비단을 지중해까지 운반하면서 만들어진 길이에요. 이 비단길은 동서양의 상인들이 오고 가면서 동양과 서양의 문화를 연결해 주는 통로가 되었어요. 아프가니스탄은 바로 이 비단길 위에 위치해서 동양과 서양의 문화를 이어 주는 통로 역할을 했고, 중요한 길목에 자리하고 있기 때문에 이곳을 노리는 강대국의 침략을 자주 받아야만 했어요.

독립 후 찾아온 시련

19세기부터 100여 년간 영국과 러시아는 중앙아시아를 장악하기 위한 힘겨루기를 했어요. 이 과정에서 영국이 1837년 아프가니스탄을 침략했어요. 아프가니스탄은 이에 맞서 세 차례에 걸쳐 힘겨운 싸움을 했지요. 그리고 제1차 세계대전이 끝난 1919년 제3차 영국-아프가니스탄 전쟁을 통해 아프가니스탄은 독립했답니다.

독립한 이후 아프가니스탄은 오랫동안 국왕이 지배하는 입헌 군주제 국가였어요. 그러다 1973년 국왕이 자리를 비운 사이 국왕의 사촌이자 총리가 소련(소비에트 사회주의 공화국연방)의 군사 지원을 받아 쿠데타를 일으켜 '아프가니스탄민주공화국'을 세운 뒤 스스로 대통령이 됐어요. 이후 아프가니스탄 사람들은 쿠데타를 도운 소련을 상대로 반란을 일으켰습니다. 소련은 아프가니스탄을 안정시킨다는 이유로 침략을 했고, 자신들의 말을 잘 듣는 사람들을 권력의 자리에 앉혔지요.

미국을 비롯한 서유럽 국가들은 소련의 이러한 행동을 강력히 비판하고, 1980년 소련의 수도 모스크바에서 개최되는 올림픽에 불참하기로 결정했어요. 아프가니스탄에서는 소련에 대항하기 위해 '이슬람 전사'라는 뜻의 '무자헤딘(Mujahidin)'을 조직했어요. 이러한 저항의 결과 1989년 2월, 10만여 명의 소련군이 아프가니스탄에서 철수했어요.

20여 년간의 전쟁과 내전
5년 간의 탈레반 폭정이 남긴
아프가니스탄의 오늘

외세 대신 시작된 내전

오랜 저항 끝에 소련군이 철수했지만, 곧이어 내부에서 권력을 차지하기 위한 치열한 다툼이 시작되었어요. 아프가니스탄은 극심한 혼란에 빠졌지요. 이 혼란을 틈타 1996년 9월 무장 세력 '탈레반'이 수도 카불을 점령하고 정권을 장악했어요. 탈레반에 반대하는 세력은 '북부동맹'(아프가니스탄 구국 이슬람 통일전선)을 결성하고 이에 맞섰어요.

이런 상황에서 2001년 9월 11일 테러 사건이 일어난 거예요. 미국은 테러를 일으킨 범인으로 아프가니스탄에 숨어서 활동하던 오사마 빈 라덴을 지목했어요. 그러고는 탈레반 정권에게 오사마 빈 라덴을 넘겨 달라고 요구했지만 거부당했어요. 미국은 아프가니스탄을 침략해 수도인 카불을 점령하고, 이에 맞서던 탈레반 정권을 무너뜨렸어요. 뒤이어 미국의 지원 아래 2004년 10월 새로운 정부가 탄생했지요.

하지만 탈레반 세력은 남부 지역으로 옮겨서 다시 활동을 시작했어요. 정부군 및 정부를 지원하는 연합군과 탈레반 세력은 끊임없이 내전을 벌이는 중입니다.

아프가니스탄은 독립 이후 힘없는 나라가 소련과 미국 등 강대국의 힘에 눌려 정권이 바뀌고, 이에 대항하는 세력이 반발하면서 갈등과 분쟁이 지속되고 있는 땅이에요.

위험한 동거, 중국과 소수 민족

56개의 소수 민족 국가 중국

넓은 영토에 인구가 많은 나라에서는 영토 없이 떠도는 소수 민족이나 자치권을 가진 지역 정부가 분리 및 독립을 시도하는 경우가 많아요. 특히 여러 민족이나 종족, 다양한 종교로 구성된 국가라면 이러한 대립과 갈등이 더욱 심하게 나타납니다.

가장 대표적인 나라가 바로 우리와 아주 가까이 있는 중국이에요. 중국의 인구는 14억 명이 넘어요. 세계에서 인구가 가장 많은 나라지요. 전 세계 인구를 100명으로 봤을 때, 무려 18명이 중국 사람이라는 뜻이에요. 중국은 단순히 인구만 많은 것이 아니라, 56개의 민족으로 구성된 대표적인 다민족 국가예요. 56개의 민족 중에서 한족이 92%을 차지하고, 나머지

> **중화사상**
>
> 중화사상의 '중'은 중앙을 뜻하고, '화'는 문화라는 뜻이에요. 중국, 즉 한족이 세계의 중심이며 가장 발달한 문화를 가지고 있다는 생각입니다.

55개의 민족 비율은 8%밖에 되지 않아요. 그러다 보니 중국에는 한족을 우대하고 이외의 민족을 차별하는 **중화사상***이 뿌리 깊게 자리하고 있습니다.

현재 중국은 22개의 성(한국의 '도' 개념)과 4개의 직할시 외에 5개의 자치구가 있어요. 1949년 국민당과의 대결에서 승리한 공산당이 중국을 통일한 후에 소수 민족을 통합하는 정책을 추진했어요. 이 과정에서 소수 민족이 살고 있는 5개 지역을 자치구로 지정하고, 이들의 외교권과 군사권을 빼앗았어요. 그러고는 한족을 소수 민족이 살고 있는 지역으로 이주시켜 한족의 문화를 받아들이도록 하는 정책을 펼쳤지요.

또한 중국은 높은 경제 성장률을 보이며 빠른 속도로 발전하고 있지만, 소수 민족이 살고 있는 지역은 경제적으로 뒤처진 곳이 대부분이에요. 그러다 보니 소수 민족의 불만은 점점 커지고 있는 상황이에요. 이 중에서도 민족 구성과 문화적 특성이 매우 다른 티베트 자치구와 신장 위구르 자치구는 분리·독립을 강력히 요구하고 있어요. 그만큼 중국 정부와의 갈등도 심하답니다.

달라이 라마의 나라 티베트

티베트 자치구는 히말라야산맥 북쪽에 위치한 고원 지대예요. 해발 고도가 4,000~5,000m나 되어 '세계의 지붕'이라고 불리지요. 너무 높은 고지대다 보니 경제 활동이 어렵고 외부와의 교류도 활발하지 않아요. 이런 곳에서 노벨상 수상자가 나왔다는 사실, 알고 있나요? 그 사람은 바로 제14대 달라이 라마예요. 1989년 노벨 위원회는 달라이 라마에게 노벨 평화상을 주었어요. 티베트 독립을 위해 비폭력 투쟁을 하고, 평화적인 방법으로 역사적·문화적 전통을 지키려 했으며, 국제 분쟁과 인권 문제, 환경 문제를 해결하기 위해 노력한 점을 높이 샀지요. 달라이 라마는 티베트의 실질적인 통치자이자, 티베트 불교의 최고 지도자예요. 티베트는 바로 이 달라이 라마를 중심으로 자치와 독립을 외치고 있답니다.

그런데 평화의 상징인 달라이 라마가 한국에 방문했다는 기사를 본 적이 있나요? 사실 한 번도 없어요. 달라이 라마는 한국을 방문하고 싶다는 의사를 여러 차례 밝혔지만, 중국의 압력으로 한국 정부에서 달라이 라마의 방문을 허용하지 않고 있어요.

중국은 달라이 라마의 방문을 허용한 나라에 대해서는 보복 조치를 취했어요. 몽골에는 중국-몽골 정부 간 회담을 취소하고, 물품을 수입하고 수출하고 배송하면서 국경을 넘을 때마다 세금을 부과했어요. 달라이 라마의 방문을 허용한 유럽연합(EU) 의회에는 유럽연합 의회 대표단의 중국

방문을 연기하기도 했어요. 상황이 이러니 중국과 경제 교류가 많은 한국의 입장에서는 중국의 눈치를 안 볼 수가 없는 실정이에요.

티베트 사람들은 '티베트는 역사적으로 중국의 땅이 아니었다'고 생각해요. 티베트족 조상은 5,000~6,000년 전 한족과 갈라져 이 지역에 정착했고, 오늘날 인구 구성도 티베트족이 92%나 되거든요. 사용하는 언어도 중국어가 아닌 티베트어를 사용하고, 역사적으로도 중국의 역사와는 구분이 되는 지역이에요. 종교는 불교가 티베트에 들어오면서 변형된 티베트 불교(라마교)예요. 이러한 역사적·문화적 독자성 때문에 티베트는 달라이

달라이 라마가 궁금해요!

달라이 라마는 큰 바다를 뜻하는 몽골어 '달라이'와 스승을 뜻하는 티베트어 '라마'가 합쳐진 말로, 바다같이 넓고 큰 스승을 말해요. 티베트 불교의 최고 지도자이면서 실질적인 통치자이지요.

달라이 라마는 자신이 입적(죽음을 뜻하는 불교 용어)하기 전에 다시 태어날 장소 또는 환생할 달라이 라마에 대해 예시를 한다고 해요. 티베트 불교의 지도자들은 이 예시를 근거로 달라이 라마가 환생했을 것으로 추정되는 아이를 찾지요. 그렇게 찾은 아이는 여러 가지 시험을 치러야 하고, 이 시험을 통과하면 달라이 라마로 선택이 돼요. 선택받은 아이는 달라이 라마로서 갖춰야 할 교육을 받아요. 그리고 18세가 되면 정식으로 달라이 라마의 지위를 갖게 되지요. 현재는 1940년에 즉위한 달라이 라마 14세가 그 지위를 이어 가고 있어요.

라마를 중심으로 분리·독립을 외치고 있어요.

티베트의 독립운동

티베트 지역의 역사는 5,000~6,000년 전부터 시작돼요. 처음 이 지역에는 여러 부족이 살았다고 합니다. 7세기 무렵 최초의 통일 국가인 **토번***이 등장했고, 763년 당나라가 멸망할 당시에는 20만 대군이 쳐들어가 당나라의 수도 장안을 잠시 점령할 정도로 막강했어요. 그러다 지배층의 다툼이 일어나면서 여러 작은 나라들로 나뉘었어요. 이후 400여 년 동안 혼란한 시기가 이어지다가, 몽골 제국(원나라)의 지배를 받지요.

이어 18세기 초 청나라의 지배를 받았고, 20세기 초에는 2년간 영국의 지배를 받았어요. 청나라의 지배를 받을 때는 청나라 황제가 티베트 불교를 믿으면서 오히려 티베트 불교가 전 지역으로 확대되었고, 티베트는 독자적인 문화를 유지할 수 있었어요. 영국의 침략을 받았을 때는 2년 뒤 영국과 청이 영토 협정을 체결하면서 티베트를 청(중국)이 관할하도록 인정했지요. 그 뒤 1912년 청나라가 멸망하고 중화민국이 수립되자, 티베트의 지도자 달라이 라마 13세는 티베트의 독립을 선언하고 독립적으로 통치를

> **토번**
> 티베트인은 자신들을 보에(Bod)라고 불렀는데, 이를 중국 당나라와 송나라 사람들은 토번이라고 불렀어요.

했어요. 당시 중국에서는 국민당과 공산당의 내전, 중일 전쟁이 차례로 일어나면서 티베트에 대한 관심이 멀어진 상태여서 가능한 일이었어요.

하지만 중국 공산당이 국민당과의 전쟁에서 승리하고 중화인민공화국을 수립한 뒤, 티베트 동부 지방을 침략했어요. 1952년 달라이 라마 14세는 중국과 평화해방협정을 체결하고 티베트의 자치권을 인정받았지요. 그러나 중국 정부는 토지 개혁을 하면서 티베트의 자치권을 침범했고, 종교를 심하게 탄압했어요. 이에 대한 반발도 커졌지요. 결국 1959년 3월 10일 티베트의 수도인 라싸에서 대규모 무장봉기가 일어났고, 중국의 인민해방군은 이를 무참히 진압했답니다.

그러자 달라이 라마 14세는 10만여 명의 티베트인과 함께 인도에 망명정부를 세우고 독립운동을 전개해 나갔어요. 이후 달라이 라마 14세는 전 세계를 돌아다니면서 티베트의 독립을 호소하고 있어요. 자연스럽게 달라이 라마 14세는 '중국에 의한 소수 민족 인권 탄압'의 상징적 존재가 되었고, 1989년에는 노벨 평화상까지 받았지요.

한편, 중국은 티베트 문제가 국제적으로 여론화되자 강하게 맞서고 있어요. 달라이 라마가 중국을 견제하려는 서방 세계를 등에 업고 중국을 분열시키려 한다며 강력하게 비난하는 상황이에요. 국제연합을 비롯한 국제 사회는 중국의 태도에 많은 우려를 나타냈어요. 최근까지도 티베트에서 테러와 분신하는 사건들이 발생하면서 갈등은 더욱 깊어지고 있습니다.

신장 위구르(웨이우얼)의 독립운동

중국 북서부에 위치한 신장 위구르 지역은 손오공과 삼장법사가 나오는 《서유기》의 무대로 알려진 곳이에요. 이곳에는 튀르키예어를 사용하고 이슬람교를 믿는 위구르족이 살아요. 중국의 다른 지역과는 많이 다르지요. 위구르족은 튀르크계로 흔히 돌궐족이라고도 해요.

1970년 이후 본격적으로 한족이 이주해 오고 이 지역에 한족 문화가 확산되면서 한족과 위구르족 간의 민족적 갈등이 심화되었어요. 중국 정부가 이슬람식 문화와 종교 생활을 제한하면서 종교와 문화를 위협당하는 상황이 되었지요. 또 이주해 온 한족이 도시에서 상업 활동을 통해 벌어들인 돈으로 건물을 사들이고, 임대료를 올리면서 위구르족과의 경제적 갈등도 심해졌어요. 게다가 중국 정부가 한족이 주로 거주하는 북부 지역 중심으로 개발하면서 위구르족의 불만은 더욱 커졌답니다.

위구르족의 독립에 대한 열망은 청나라에 정복된 1759년부터 시작되었어요. 이후 위구르족은 독립을 위해 40여 차례 반란을 일으켰어요. 결국 1864년 청나라를 몰아내고 카슈가르 왕국(동투르키스탄국)을 세웠어요. 하지만 독립 국가로서의 지위는 오래가지 못했어요. 다시 청나라의 침략을 받았고, 1884년에는 완전히 점령당했지요. 이때부터 중국은 이 지역을 새로운 영토의 경계(끝)라는 뜻으로 '신장(新疆)'이라고 불렀습니다.

20세기 초 들어서면서 다시 위구르 지역을 분리·독립시켜 달라는 운동

이 시작되고, 두 차례에 걸쳐 '동투르키스탄이슬람공화국'을 수립했어요. 하지만 소련의 지원을 받은 중국 공산당이 침략했고, 1949년 중화인민공화국으로 합병되었지요.

이후 위구르는 중국 속 소수 민족으로 살다가 1989년부터 다시 분리·독립을 위해 본격적으로 움직였어요. 폭동과 저항이 계속해서 일어났지요. 그런데 신장 위구르 지역은 중국이 2013년부터 추진한 '일대일로(一帶一路, One belt One road)' 프로젝트에서 매우 중요한 위치에 자리하고 있어요. 일대일로는 고대 동서양의 교통로였던 실크로드를 오늘날 다시 만들어 중국과 주변 국가가 경제 및 무역 협력을 하자는 계획이에요. 이 계획이 성공하면 유럽과 아시아를 연결하는 하나의 거대한 시장이 만들어지지요. 신장 위구르 지역은 중앙아시아에서 중국의 중심지로 들어가는 통로이고, 인도와 중국을 연결하기 때문에 중국으로서는 매우 중요한 곳이에요. 중국은 이 지역의 분리·독립을 결코 받아들일 수 없는 상황이지요. 하지만 위구르족은 이슬람 문화와 종교를 억압받는 상황에서, 경제적인 어려움까지 더해지자 불만이 계속 쌓여 가고 있답니다.

56개의 민족으로 이루어진 다민족 국가 중국 속 갈등은 지금도 해결점을 찾지 못하고 있어요. 자신들의 문화적 독자성을 인정받지 못하고 차별받는다며 분리·독립을 주장하는 소수 민족 티베트와 위구르, 나라를 분열시켜서는 안 된다며 강경한 태도를 보이는 중국. 이들의 갈등, 정말 해결 방법이 없는 걸까요?

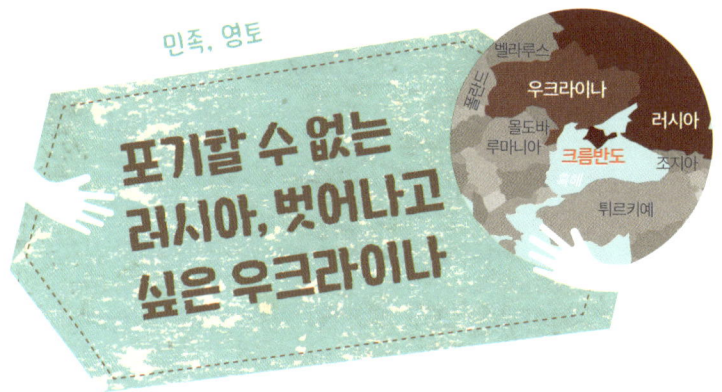

민족, 영토

포기할 수 없는 러시아, 벗어나고 싶은 우크라이나

나라 이름이 '국경 지대'라고요?

우크라이나라는 나라를 들어 봤나요? 우크라이나는 나라 이름 자체가 '국경 지대, 변경 지역'이라는 뜻이에요. 고대 러시아어인 '오우크라이나'에서 유래한 말이지요. 무려 9개 나라와 국경을 접하고 있습니다. 북쪽으로 벨라루스, 동쪽으로 러시아, 남쪽으로 러시아·조지아·튀르키예, 서쪽으로는 루마니아·몰도바·헝가리·슬로바키아·폴란드와 국경을 맞대고 있어요. 예전에는 소련이라는 국가에 포함되어 있었지만, 1991년 소련이 해체되는 과정에서 독립했어요.

여러 나라와 국경이 맞닿아 있으면 좋은 점과 나쁜 점을 동시에 갖게 돼요. 좋은 점은 주변 나라와 자유롭게 교류하며 발전할 수 있는 기회를 갖는다는 거예요. 하지만 이것은 주변 나라와 사이가 좋을 때의 얘기예요. 교류가 많은 만큼 전쟁도 잦았고 침략도 자주 받았어요. 그러다 보니 이 지역에는 무려 100여 개의 민족이 뒤섞여 살게 되었답니다. 그중에서 우크라이나계(77.8%)와 러시아계(17.3%)가 가장 많아요. 우크라이나인은 자신들이 사는 땅을 '루스(Rus)', 자신들을 '루신(Rusyn)'이라고 불렀어요. 그러다 러시아 제국의 표트르 1세가 '루스인의 땅'을 뜻하는 '러시아'를 국가 이름으로 사용하자, 우크라이나인은 러시아와 구별하기 위해 자신들이 살고 있는 땅을 '우크라이나'로 부르기 시작했어요. 두 민족의 갈등은 이렇게 조금씩 불거졌습니다.

지리적 요충지에서 갈등의 중심지로

우크라이나는 여러 나라와 국경을 접하고 있는 것 외에도 고대부터 여러 민족의 이동 통로였어요. 서유럽 사람이 동쪽으로 가는 길목인 동시에, 중앙아시아 유목민이 유럽으로 가는 길목이었지요.

그러다 보니 여러 민족의 침략을 계속 받으면서 독립국이었던 시기가 거의 없었어요. 몽골, 폴란드-리투아니아, 러시아 제국, 오스트리아 등의 침략을 받았고, 서쪽 지역은 폴란드의 지배를 받고 동쪽 지역은 러시아 제국의 지배를 받기도 했어요. 그리고 1922년 우크라이나는 소련에 합쳐졌어요.

이 과정에서 우크라이나는 드네프르강을 기준으로 서쪽 지역은 우크라이나인 문화가 강하게 나타나고 유럽연합(EU)에 우호적인 입장이지만, 동쪽 지역은 러시아의 영향을 받으면서 러시아계 주민이 많이 살게 되었어요. 이러한 지역적 특성은 1991년 소련이 붕괴된 이후, 우크라이나 내에서 우크라이나인과 러시아인 간 갈등이 일어나는 원인이 되었어요. 특히 우크라이나가 경제 발전을 위해 유럽연합에 지원을 요청하자, 러시아계 주민은 이를 못마땅하게 여겼어요. 친서방파와 친러시아파로 나뉜 지역주의는 대통령 선거 때마다 갈등을 일으켰지요.

소련의 해체와 새로운 갈등

1991년 우크라이나가 소련으로부터 독립을 선언하고, 곧이어 소련은 해체되었어요. 이 과정에서 러시아와 여러 가지 갈등이 일어났어요. 당시 우크라이나는 소련이 보유하고 있던 수백 기의 핵미사일과 1,800여 개의 핵탄두를 소유하고 있었어요. 그러자 강대국들은 우크라이나에게 전 세계에 위협이 될 수 있는 핵무기를 폐기하라고 요구했지요. 우크라이나는 미국, 영국, 러시아와 영토를 보존해 주고 안전을 보장해 준다는 약속을 받고, 2010년 핵무기를 모두 폐기했어요.

그런데 러시아가 영토 보존, 안전 보장 등의 약속을 어겼어요. 2014년 러시아계 사람이 60% 이상 살고 있는 크름반도를 자신들의 영토로 합치고, 우크라이나로부터 분리·독립을 주장하는 돈바스 지방의 러시아계 주민을 지지했어요. 우크라이나의 입장에서는 명백히 자신들의 영토를 위협하는 행동으로 받아들일 수밖에 없었지요. 이런 상황에서 우크라이나 동부에 위치한 돈바스 지역에서 우크라이나 통치에 저항하는 친러시아 세력

이것만은 콕콕!

러시아 제국, 소련과 러시아 같은 나라 아니에요?

역사적으로 러시아 제국, 소련, 러시아로 이어지며, 비슷한 지역이지만 엄밀히 말하면 서로 다른 나라입니다. 러시아 제국(1721~1917)은 1917년 노동자와 병사를 중심으로 3월 혁명이 일어나 황제가 쫓겨나고, 11월 혁명이 일어나 레닌을 중심으로 한 소비에트 정부가 수립되면서 사라졌어요. 이어서 혁명에 반대하는 세력을 몰아낸 뒤 소련, 즉 소비에트 사회주의 공화국연방(1922~1991)을 공식 선포했지요. 소련은 러시아·우크라이나·벨라루스·우즈베키스탄·카자흐스탄·아제르바이잔·몰도바·키르기스스탄·타지키스탄·아르메니아·투르크메니스탄·그루지야·에스토니아·라트비아·리투아니아 15개의 사회주의 연방국가를 말해요. 1991년 소련이 해체되면서 15개 나라가 모두 독립했고, 미국은 러시아를 소련의 계승자로 인정했어요. 소련의 해체 이후 발트 3국(에스토니아·라트비아·리투아니아)과 그루지야를 제외한 11개 국가는 1992년 1월 1일 독립국가연합(Commonwealth of Independent States:CIS)을 만들었답니다.

이 등장하게 돼요. 2014년 4월에는 이들이 우크라이나로부터 독립 또는 러시아로의 편입을 요구했어요. 그러자 우크라이나 정부군이 이들을 진압하기 위해 출동하면서 돈바스 전쟁이 일어났지요. 이후 정전 협정(2014년 9월 1차, 2015년 2월 2차)을 체결하지만, 돈바스 지역에서의 분쟁과 갈등은 끊이지 않았어요.

또한 러시아는 정치, 경제, 군사적으로 우크라이나와 크름반도와 흑해를 포기할 수 없어요. 안정적인 식량과 겨울에도 얼지 않는 부동항을 확보하기 위해서 이 지역들은 러시아에게 꼭 필요합니다. 2019년 봄에는 러시

아 본토와 크름반도를 잇는 철교를 개통하기까지 했어요.

갈등 끝에 2022년 2월 러시아는 돈바스 주민을 신나치주의자로부터 보호하고 북대서양조약기구(NATO, 북미와 서유럽 국가의 군사동맹)의 군사적 확장을 억제한다는 명분을 내세우며 '특별군사작전' 개시 명령을 선언하고 우크라이나를 침공했어요. 전쟁이 시작되고 나서 사람들은 러시아가 우크라이나를 쉽게 제압하고 금방 항복을 받아 낼 것으로 생각했어요. 그러나 우크라이나는 볼로디미르 젤렌스키 대통령을 중심으로 뭉쳤고, 미국과 서유럽 국가들의 지원을 받았어요. 그러면서 이 전쟁은 우크라이나 북부 벨라루스 접경부터 남부 흑해 연안까지 965km에 이르는 전선에서 점령과 탈환을 반복하면서 계속되고 있어요. 전쟁이 계속되면서 군인들 외에도 민간인 사상자가 수없이 발생하고 있고, 많은 시설이 파괴되었어요. 지금 당장 전쟁이 끝난다고 해도 파괴된 시설을 복구하는 데에만 상당한 시간과 돈이 필요한 실정이에요. 게다가 세계적으로 밀과 석유 가격이 크게 올랐고, 우리나라 물가 상승에도 막대한 영향을 미쳤답니다.

끝나지 않는 전쟁에 대한 부담과 피로감이 쌓이면서 '전쟁을 중단하기 위한 협상이 이뤄지지 않을까' 하는 전망이 조심스럽게 나오고 있는 상황이에요. 그러나 우크라이나는 러시아군이 완전히 철수하고 전쟁으로 잃어버린 영토를 회복하길 원하고 있고, 러시아는 자신들이 점령한 4개 지역(루한스크, 도네츠크, 헤르손, 자포리자)을 양보할 생각이 전혀 없어요. 우크라이나를 자신들의 영향력 아래 두고 싶은 러시아의 욕망과 어떻게든 러시아의 영향력에서 벗어나려는 우크라이나 의지가 충돌한 이 전쟁은 언제 끝이 날까요? 전쟁이 끝나면 두 나라 사이의 갈등도 끝이 날까요?

　더 걱정스러운 점은 우크라이나와 러시아의 전쟁이 끝나더라도 평화보다는 새로운 갈등으로 이어질 가능성이 높다는 점이에요. 러시아와 국경을 맞대고 있는 핀란드와 발트 3국과 폴란드는 러시아와의 군사적 충돌에 대비해서 군사력을 키우고 있다고 해요. 이들은 러시아의 욕심이 우크라이나에서 멈추지 않으리라 생각하기 때문이에요. 전쟁과 갈등이 일상화된 시대를 걱정하지 않고, 내일 당장 무슨 일이 일어날지 두려워하지 않아도 되는 평화가 어서 왔으면 합니다.

종교, 영토

카슈미르를 우리 쪽으로, 인도-파키스탄

세 나라로 나뉜 카슈미르

카슈미르(Kashmir) 지역은 인도의 북부와 파키스탄의 북동부, 중국의 서부와 경계를 이루고 있는 지역이에요. 면적은 한반도 넓이의 1.5배 정도예요. 세계의 지붕이라고 불리는 히말라야산맥을 배경으로 아름다운 계곡이 많아 '지상 낙원', '동양의 알프스'라고 알려진 곳이지요. 최고급 양모인 캐시미어의 원산지이기도 하고, 야크의 털로 짠 카슈미르 담요는 세계적으로 유명하답니다. 야크는 소와 비슷하게 생겼지만 다리가 짧고 온몸에 긴 털이 나 있어요.

현재 카슈미르 지역은 파키스탄, 인도, 중국 세 나라의 영토로 나뉘어 있어요. 북쪽의 아자드카슈미르는 파키스탄, 남쪽의 잠무카슈미르는 인도, 남동쪽의 아크사이친은 중국의 영토예요. 왜 세 나라는 이 지역을 두고 싸우는 걸까요?

독립의 기쁨 대신 찾아온 갈등

카슈미르 지역은 이슬람교, 힌두교, 불교 등 다양한 종교 세력의 경계에 자리하고 있지만, 오랫동안 비교적 평화롭게 생활했어요. 19세기 중엽 영국이 인도를 식민 지배하게 되면서 영국의 지배를 받았지요.

1947년 인도가 영국으로부터 독립하면서 힌두교도가 많은 인도와 이슬람교도가 많은 파키스탄으로 분리 독립했어요. 이때 카슈미르 지역은 주민의 77%가 이슬람교를 믿었어요. 종교로 보자면 파키스탄으로 편입되어야 했지요. 하지만 당시 힌두교를 믿은 카슈미르의 지도자(하리 싱 왕)가 인도로 편입할 것을 결정하고 인도에 군사적 도움을 요청했어요. 그러자 카슈미르 지역의 이슬람교도가 반발했고, 파키스탄이 이들을 지원하기 위해 군대를 보내면서 제1차 인도-파키스탄 전쟁이 일어났답니다.

1949년 1월 국제연합의 중재로 파키스탄과 인도는 휴전했어요. 당시 국제연합은 두 가지를 제시했어요. 첫 번째는 전쟁을 중지하는 '정전'이었어요. 두 나라는 전쟁을 멈추고 정전선(통제선, Line of Control)을 설치한다는 내용이에요. 두 번째는 주민 투표를 통해 어느 나라로 편입할지를 결정한다는 거예요. 이에 따라 카슈미르는 인도가 63%, 파키스탄이 37%를 나누어 점령하는 통제선이 그어졌고 현재까지 유지되고 있어요. 하지만 어느 나라로 편입할지 결정하는 주민 투표는 아직까지 실시되지 못하고 있어요. 이러한 상황에서 1962년 중국이 카슈미르 동쪽 지역을 침략해 아크사이친 지역을 점령했어요. 그러면서 카슈미르는 파키스탄, 인도, 중국의 영토로 나뉘어 세 나라가 각각 통치하게 되었습니다.

끝없는 전쟁

영토의 경계는 나누었지만 종교 특성을 반영한 주민의 의견이 수렴되지 않은 상태다 보니 갈등은 끊이지 않았어요. 그러다 1965년 국경선 문제가 원인이 되어 제2차 인도-파키스탄 전쟁이 일어났어요. 이 전쟁은 카슈미르가 아닌 인도 서부에서 시작됐어요. 큰 호수와 넓은 소금 사막이 펼쳐져 있어 두 나라의 국경선을 정하기가 어려운 곳이었어요. 그러다 이곳에서 국경선 문제로 충돌이 일어났고, 인도가 파키스탄을 공격하면서 전쟁으로까지 번졌지요. 카슈미르에서 활동하던 이슬람 무장 세력이 인도를 공격하고, 인도가 반격하면서 전쟁은 확대되었어요. 소련이 중재에 나서 두 나라 모두 군대를 통제선 밖으로 철수하면서 휴전했지요.

1970년에는 지금의 방글라데시(당시 동파키스탄)에 **사이클론***이 덮쳐서

> **사이클론 cyclone**
>
> 인도양, 벵골만, 오스트레일리아 부근 남태평양에서 발생하는 열대성 저기압을 말해요. 1년에 평균 5~7회 정도 발생하며, 규모는 우리에게 익숙한 태풍에 비해 작지만, 인구가 밀집한 방글라데시 지역을 지날 경우 큰 피해를 주곤 합니다. 열대성 저기압은 발생한 해역에 따라 이름이 달라요. 북서태평양에서 발생한 것은 태풍, 북중미에서 발생한 것은 허리케인, 인도양에서 발생한 것은 사이클론이라고 합니다.

20만 명이 사망하는 자연재해가 발생했어요. 그런데 파키스탄 정부(당시 서파키스탄)가 구호 대책을 마련하는 데 소극적으로 대처했어요. 이에 불만을 갖게 된 동파키스탄에서 분리·독립운동이 일어났지요. 사실 두 지역은 종교만 같을 뿐 종족, 언어, 문화가 완전히 달랐거든요. 이후 서파키스탄 정부가 군대를 보내서 동파키스탄의 분리·독립운동을 진압했고, 여기에 인도 정부가 개입하면서 제3차 전쟁이 일어났어요. 이 전쟁은 인도의 승리로 끝났고, 동파키스탄은 지금의 방글라데시로 독립했답니다.

세 차례의 전쟁 이후 인도와 파키스탄 사이에 큰 분쟁은 없었어요. 그러나 카슈미르의 편입 문제를 둘러싸고 여전히 대립 중이지요. 게다가 서로를 견제하는 과정에서 핵무기까지 보유한 상태예요.

한편, 인도령 잠무카슈미르에서는 1989년부터 독립을 요구하거나 이슬람 국가인 파키스탄으로 편입해야 한다는 세력이 등장했어요. 이들은 여러 차례 테러를 시도해 국제 사회로부터 비난을 받았지요. 2008년에는 인도 뭄바이에 있는 호텔에서 대규모 테러가 발생해 많은 사상자가 나왔고, 테러 용의자가 파키스탄 내 이슬람 무장 세력으로 드러나면서 두 나라는 사이가 더욱 나빠졌어요.

종교의 자유를 달라!
파키스탄으로!
힌두교 외의 종교는
함께 할 수 없다!
자치주에서 직할령으로!
PAKISTAN
INDIA

2019년에는 잠무카슈미르에서 자살 폭탄 테러가 발생해 인도 경찰 40여 명이 사망했어요. 인도 정부는 파키스탄이 테러 활동을 지원한다고 보고, 통제선을 넘어 파키스탄을 공격했지요. 그러자 파키스탄은 인도의 공군기를 공격해 떨어뜨리면서 두 나라의 갈등이 더욱 깊어졌어요.

이권보다는 양보와 이해

이렇게 갈등이 깊어지기 전까지 인도 정부는 잠무카슈미르 지역의 특별자치권에 대해 헌법으로 보장하고 있었어요. 잠무카슈미르 지역에 별개의 헌법 및 민족 깃발을 허용하고, 외교와 국방을 제외한 사안에 대해서 자치권을 부여한다는 내용이었지요. 하지만 자살 폭탄 테러 이후 인도 정부는 이 헌법을 폐지하면서 잠무카슈미르에 대한 통제를 강화했어요.

현재 인도의 집권 세력은 힌두교 외의 다른 종교를 배제하는 힌두 민족주의를 내세우며 카슈미르 지역에 대한 자치를 반대해 왔어요. 이번에 특별자치권을 없애면서 해당 지역을 '잠무카슈미르'와 중국 국경 지역인 '라다크'로 분리했고, 그중 잠무카슈미르를 자치주에서 직할령으로 지위를 변경했어요. 직접 통제하겠다는 뜻이지요.

이에 파키스탄은 잠무카슈미르 지역에 있는 이슬람계 주민의 생존을 위협한다며 비난하고, 국제 사회가 문제 해결에 힘써야 한다고 주장하고 있어요. 그러자 인도는 이 지역의 통제를 강화한 이유가 카슈미르 지역의 분열과 혼란에 대처하기 위해서이고, 이번 조치는 인도의 국내 문제일 뿐이라고 주장했지요.

잠무카슈미르를 둘러싼 인도와 파키스탄의 갈등과 대립은 영토와 이권이 걸린 다툼으로 현재도 계속 진행 중이에요. 두 나라에게 카슈미르는 쉽게 포기할 수 없는 지역이기 때문에 그 해결점을 찾기 위해서 많은 관심과 노력이 필요합니다.

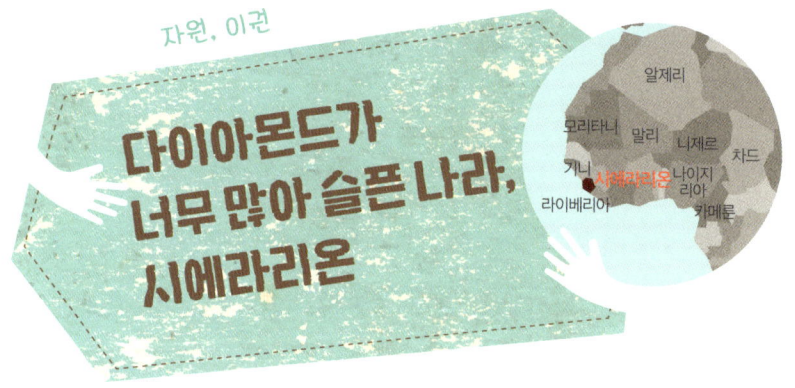

자원, 이권

다이아몬드가 너무 많아 슬픈 나라, 시에라리온

가장 가난한 다이아몬드의 땅

1462년 포르투갈의 탐험가 페드로 드 신트라는 서아프리카 어느 해안을 돌아보다가 특이한 곳을 발견했어요. 해안 지형이 마치 사자의 이빨처럼 생겼고, 때마침 울린 천둥소리가 사자의 울음소리처럼 들려서 깜짝 놀랐다고 해요. 그래서 그곳을 사자(시에라)의 산(리온)이라는 뜻으로 시에라리온(Republic of Sierra Leone)이라고 이름 붙였다고 합니다.

시에라리온은 북쪽과 동쪽은 기니, 남쪽은 라이베리아와 붙어 있는 아프리카에서 가장 작은 나라 중 하나예요. 비록 면적은 작지만, 자연으로부터 엄청난 축복을 받은 나라입니다. 세상에서 가장 단단하면서 귀하다는, 누구나 한 번쯤은 갖고 싶어 하는 보석, 다이아몬드가 묻혀 있는 땅이니까요. 그런데 시에라리온은 지금, 세계에서 가장 가난한 나라 중 하나가 되었어요. 도대체 시에라리온에서는 무슨 일이 있었을까요?

피의 다이아몬드

> 당신이 사랑하는 사람에게 선물한 다이아몬드는 시에라리온의 강바닥에서 채굴되었습니다. 판매액은 무고한 사람들의 목숨을 앗아 가는 RUF(혁명연합전선)의 무기를 사는 돈으로 쓰일 수도 있습니다.

이 글은 1999년 한 NGO(국제 비정부 기구)가 벌인 사회 운동 문구예요. 아프리카의 분쟁 지역인 시에라리온, 콩고, 앙골라, 짐바브웨에서는 정부군과 반정부군이 전쟁을 벌이는 일이 많았어요. 문제는 이들이 전쟁을 벌이면서 이에 필요한 무기를 구입하기 위해 다이아몬드를 무분별하게 캐내어 몰래 거래했다는 점이에요. 그래서 생겨난 말이 '피의 다이아몬드'예요.

아프리카에서 일어난 내전의 대부분은 이 다이아몬드가 묻혀 있는 지역을 둘러싼 갈등이에요. 매년 수십만 명의 사상자가 나오는 상황이지요. 자연이 가져다준 축복이 인간의 욕심으로 하루아침에 저주로 뒤바뀐 셈이랍니다.

시에라리온의 역사는 1787년 영국이 미국에 있던 해방 노예 400여 명을 이주시키면서 시작돼요. 하지만 이들은 풍토병과 원주민의 공격으로 대부분 사망했지요. 그 뒤 다시 1,200명의 해방 노예가 이주하여 수도인 프리타운을 건설했어요. 1800년대 말 영국이 시에라리온을 보호령으로 만들자 이에 대한 저항 운동이 지속적으로 일어났고, 결국 1961년 영국으로부터 독립했어요.

영국으로부터 독립한 이후, 다섯 차례나 쿠데타가 일어나는 등 혼란한 상황이 이어졌습니다. 이때 정권을 잡은 사람들은 국가와 국민을 위해 사용해야 할 다이아몬드 채굴권을 독점하고 많은 부를 축적하는 등 부패 정치를 펼쳤어요.

이에 불만을 품은 사람들이 이웃 나라인 라이베리아의 지원을 받아 혁명연합전선(RUF)을 조직하고, 시에라리온 동부 지역을 차지하면서 내전이 시작됐어요. 하지만 혁명연합전선도 점령 지역의 주민을 강제로 전쟁터에 끌고 가는 등 무자비한 공포 정치를 실시했고, 점령 지역을 점점 확대해 나갔어요. 특히 다이아몬드 광산에 민간인을 강제로 끌고 가서 채굴하도록 했어요. 이를 거부하거나 저항하는 사람의 손목이나 발목을 자르는 끔찍한 일도 서슴지 않았다고 해요. 이렇게 채굴한 다이아몬드를 이웃 국가인 라이베리아에 몰래 팔아, 그 돈으로 무기를 구입하는 일을 계속했어요. 결국 다이아몬드는 반정부군 세력을 유지하는 중요한 기반이 되었고, 내전이 계속되는 이유가 되었어요.

욕심이 부른 아프리카의 불행

시에라리온에서 일어난 내전은 1998년 국제연합을 비롯한 국제 사회의 도움으로 겨우 안정이 돼요. 정부군과 반정부 세력인 혁명연합전선 간 평화협정이 시작되고, 2002년 1월 내전은 공식적으로 끝났어요.

이후로 정치적 안정을 되찾긴 했지만, 10년 동안 내전으로 인한 아픔은 이루 말할 수 없을 정도예요. 사망자만 20만 명, 7천 명의 소년들이 전쟁터에 끌려갔고, 4천 명이 신체가 잘리는 부상을 입었어요. 그리고 인구의 3분의 1인 200만 명이 난민이 되었어요.

이제 외국의 지원을 받아 정치와 경제적 안정을 위한 노력을 시작하면서, 내전 때문에 생긴 상처를 치유해 가는 과정에 있습니다.

세계에서 다이아몬드가 가장 많이 묻혀 있는 자연의 축복을 받은 나라였지만, 권력자들의 이권 다툼으로 가장 가난한 나라가 되어 버린 시에라리온의 아픔이 우리에게 주는 교훈은 무엇일까요? 여러분은 지금도 다이아몬드를 갖고 싶다는 마음이 드나요?

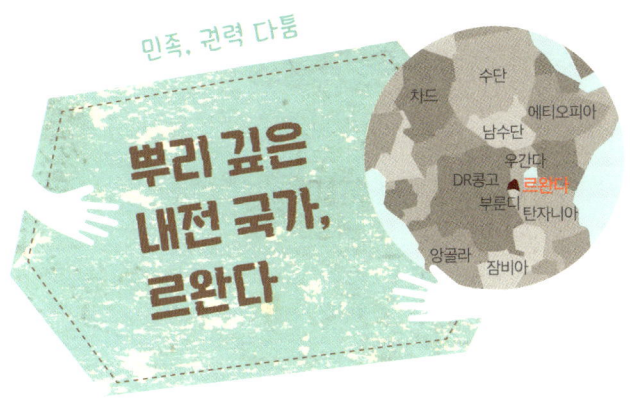

민족, 권력 다툼

뿌리 깊은 내전 국가, 르완다

천 개의 언덕이 있는 아름다운 나라

이번에 살펴볼 나라도 아프리카에 속한 작은 나라예요. 면적이 우리나라 수도권과 강원도를 합친 정도로 매우 작아요. 탄자니아·우간다·콩고민주공화국·부룬디에 둘러싸여 있고, 적도 부근이지만 국토 대부분이 해발 1,000m 이상의 산지인 나라지요. 무려 천 개의 언덕이 있는 땅이라고 불리는 르완다(Republic of Rwanda)예요.

르완다는 90%의 후투족과 9%의 투치족으로 구성되어 있어요. 후투족과 투치족은 계층을 나타내는 명칭이었어요. 주로 목축업에 종사하는 부유한 계층을 투치족, 반면 농업에 종사하며 상대적으로 부유하지 않은 계층을 후투족으로 분류했지요. 후투족으로 분류된 사람이 재산을 모아 목축업에 종사하면 투치족으로 변경되기도 했어요. 르완다를 식민 지배한 벨기에가 인종 카드 제도와 주민 등록제를 시행하고 신분 이동을 불가능하게 하면서 종족을 뜻하는 단어로 사용되었습니다.

식민 통치가 부른 내전

15세기경 목축업에 종사하던 투치족이 내려와 이곳에 르완다 왕국을 건설해요. 19세기 말 독일에 의해 르완다-부룬디로 병합되어 함께 지배를 받다가, 제1차 세계대전이 일어나고 1916년부터 벨기에의 지배를 받게 되지요. 그러다 부룬디와 분리되었고, 1962년 벨기에로부터 완전히 독립했어요.

르완다를 식민 지배한 벨기에는 원래 소수의 투치족을 앞세워 다수의 후투족을 지배하는 간접 통치를 했어요. 그러나 제2차 세계대전 이후 르완다가 독립하고 나면 다수의 후투족이 정권을 장악할 것으로 판단하고, 기존의 입장을 바꿔 다수의 후투족을 지원했어요. 벨기에의 이런 통치 정책이 르완다 내전의 원인이 되었습니다.

르완다는 독립한 이후 후투족과 투치족 간 내전이 발생해요. 권력을 잡은 후투족이 투치족에 대한 테러와 학살을 하자, 수만 명의 투치족이 부룬디로 피난을 갔어요. 이후 1963년 부룬디에 거주하는 투치족이 르완다를

150여만 명이 학살되고
240여만 명의 난민이 발생한 르완다 내전
누구를 위한 전쟁인가

ⓒ연합뉴스 제공

기습 공격했고, 이에 대한 반발로 르완다의 후투족 정부는 수천 명의 투치족을 집단 학살했어요. 결국 집단 학살을 피해 많은 투치족이 주변 국가로 다시 피난 갈 수밖에 없었어요.

내전이 남긴 슬픈 후유증

피난을 갔던 투치족은 우간다 반정부군에 참여해 1986년 우간다의 정권을 장악하는 데 도움을 주었어요. 이후 우간다 정부의 지원을 받은 투치 난민은 르완다애국전선이라는 조직을 만들어 1990년 르완다를 공격했어요. 당시 프랑스와 벨기에, 자이레가 르완다 정부를 지원해서 이를 물리쳤지요.

그 뒤 르완다 키갈리 공항에서 르완다 대통령과 부룬디 대통령이 탄 비행기가 미사일에 격추되는 충격적인 사건이 발생해요. 르완다 후투족 정부는 이에 대한 보복으로 잔인한 일을 벌였어요. 무려 80만 명에 달하는 투치족을 학살했지요. 이에 맞서 르완다애국전선이 후투족 정부를 무너뜨리고 정권을 장악하면서 내전은 끝났어요.

르완다에서의 내전은 일단락되었지만, 그 후유증은 너무나 끔찍하고 컸어요. 1990년에서 1994년까지 150여만 명이 학살되었고, 240여만 명이 난민이 되어 주변국을 배회하며 분산되어 수용됐어요. 결국 르완다 내전으로 수많은 사람이 죽거나 다쳤으며, 이 과정에서 발생한 대규모의 난민은 주변 국가들의 안정에도 큰 위협이 되었답니다.

    상황이 이런데도 국제 사회는 르완다의 내전에 큰 관심을 보이지 않았어요. 르완다가 자원도 부족하고 전략적으로도 중요성이 매우 떨어진 곳이기 때문이라고 해요. 강대국의 이기적인 생각과 태도 앞에 약소국은 슬퍼할 수밖에 없는 현실에 대해 여러분은 어떻게 생각하나요?

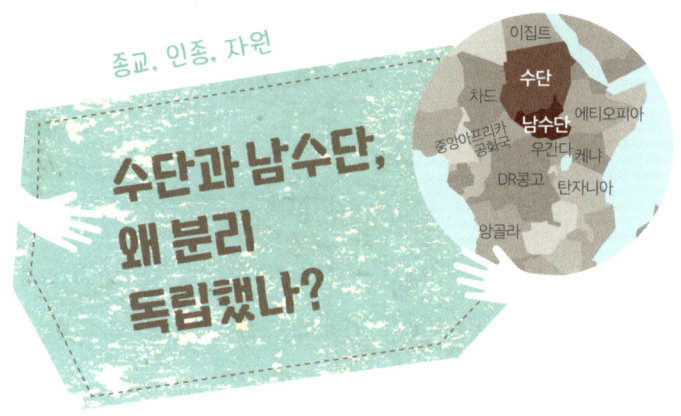

종교, 인종, 자원

수단과 남수단, 왜 분리 독립했나?

아프리카에서 가장 넓은 흑인의 땅

아프리카 북동부에 자리 잡은 수단은 19세기 말부터 이집트의 지배를 받았어요. 영국이 이집트를 식민지로 삼자 영국과 이집트의 공동 지배를 받았지요. 그리고 '흑인의 땅'이라는 뜻의 아랍어 '수단'을 나라 이름으로 하여 1956년 독립했어요. 2011년 수단에서 남수단이 분리 독립하기 전까지는 아프리카에서 가장 넓은 나라였어요. 북수단인 수단의 공식 국가 이름은 '수단 공화국', 남수단의 공식 국가 이름은 '남수단 공화국'입니다. 수단의 면적은 한반도의 11배 정도고, 남수단은 한반도의 3배 정도로 한국보다 상당히 넓은 나라들이에요. 사하라사막과 종교, 인종, 언어, 자원의 차이가 수단의 운명을 폭풍 속으로 몰아넣었습니다.

다르니까 떨어져!

세계적으로 한국처럼 인종과 언어가 하나인 나라가 얼마나 될까요? 물론 한국도 최근에는 다양한 인종과 민족이 들어오고, 그들에 대한 시선 차이 때문에 사회적으로 갈등이 발생하기도 해요. 그런데 오래전부터 다양한 민족이 서로 다른 종교를 믿고 다른 언어를 사용하며 살아가던 수단은 어떻겠어요. 예상대로 항상 내전과 갈등의 씨앗을 품고 있었어요. 갈등의 씨앗이 된 수단과 남수단의 차이를 알아볼게요.

수단은 국민의 70%가 이슬람교를 믿고 아랍계 사람들이 40%를 차지하는데, 이들이 국가의 중심을 이루고 있어요. 언어는 아랍 사람의 언어인 아랍어와 과거 영국 식민지의 영향으로 상류층에서는 영어를 주로 사용합니다.

반면 남수단은 대부분의 사람들이 크리스트교를 믿고 일부 토속 신앙을 믿는 사람도 있어요. 인종은 200여 개가 넘는 다양한 부족의 아프리카계 흑인이 중심을 이루고요. 언어는 영어를 공용어로 사용하지만, 각 부족의 언어를 사용하는 곳도 많습니다.

영국과 이집트의 식민지에서 독립한 수단이 북부의 이슬람교와 아랍계 주민, 남부의 크리스트교와 아프리카계 주민을 중심으로 나뉘었어요. 하지만 문제는 이뿐만이 아니었어요. 한때 남부의 아프리카계 흑인을 노예로 팔았던 북부 아랍계 사람들에 대한 남부 사람들의 적대감, 식민 지배

과정에서 영국이 실시한 남북의 지역감정 유발과 차별 정책, 북부 지역 사람들이 남부 지역 사람들에게 이슬람 율법을 강요한 일, 북부의 아랍계 사람이 남부 사람을 지배하려는 구조 등 매우 다양했지요. 이렇게 복잡한 정치적, 문화적, 사회적 배경으로 남부 사람들은 끊임없이 독립을 요구하며 50년이 넘게 무력 항쟁을 이어 갔어요. 그 결과 2011년 1월 남수단 분리 독립에 관한 국민 투표가 열렸고, 98%가 넘는 압도적인 찬성률로 남수단이 독립하면서 아프리카의 54번째 독립 국가이자 193번째 UN 회원국이 되었습니다.

자원이 부른 수단과 남수단의 갈등

분리 독립 후, 수단과 남수단의 갈등을 불러온 또 다른 이유가 있어요. 바로 검은 황금으로 불리는 '석유'예요. 남수단에는 원유 60억 배럴이 매장되어 있어요. 이는 아프리카 원유 매장량 5위, 수단과 남수단을 합한 전체 원유 매장량의 75%에 해당하는 양이에요. 하지만 그 원유를 뽑아내서 분리할 수 있는 정유 시설과 석유의 이동을 위해 필요한 송유관, 수출하

> **석유와 원유**
>
> '석유'는 땅속에서 만들어진 고체, 액체, 기체 상태의 탄화수소 혼합물을 말해요. 그중 액체나 기체 상태의 검은 원유를 석유라고 합니다. '원유'는 땅속에서 만들어진 처음 상태의 석유에 포함된 불필요한 물과 가스 등을 제거한 상태예요. 원유를 정유 공장의 정제 시설에서 휘발유(가솔린), 등유, 경유 등으로 분리하고, 이것을 활용해 다양한 석유 제품을 만들지요.

기 위한 항구는 모두 북쪽의 수단에 있어요. 남수단은 석유를, 수단은 송유관과 수출항, 정제 시설을 가지고 있는 거예요. 또한 남수단과 수단은 국경 지역에 몰려 있는 유전 지대의 국경선을 명확하게 설정하지 않아 이 지역의 유전을 서로 포기 못 하고 자신들의 고유 영토라고 주장하는 상황이에요. 남수단은 수단과 분리 독립하면서 석유 수출에서 발생하는 수익을 50%씩 나눠 갖기로 했지만, 그 수익을 더 높이고 싶어 하기 때문에 쉽게 해결되기 어려운 문제지요.

독립 이후에도 끝나지 않은 남수단의 내전

남수단은 지리적으로 한국에서 멀리 떨어져 있지만, 한국 사람에게는 다른 아프리카 국가보다 친숙해요. 먼저 고(故) 이태석 신부님을 기억하나요? 〈울지 마 톤즈〉라는 영화의 주인공인 신부님은 헌신적으로 남수단 사람들을 돌보고 그들을 위해 때로는 의사가 되었다가, 때로는 아버지 역할도 하던 중 안타깝게 세상을 떠났어요. 신부님이 그리워 울면서 악기를 연주하던 톤즈 아이들의 모습은 수년이 지난 지금까지도 많은 사람들의 기억에 남아 있어요. 또한 200명이 넘는 국군 한빛부대원이 파견되어 국가 재건과 안정화를 위해 노력하고 있는 곳도 바로 남수단이에요. 그러나 남수단은 분리 독립한 이후에도 내전이 끝이지 않고 있어요. 그 이유는 무엇일까요?

　남수단 독립 후, 수단 인민 해방군 출신으로 함께 활동했던 살바 키르와 리크 마차르는 각각 대통령과 부통령으로 취임했어요. 하지만 얼마 지나지 않아 살바 키르 대통령이 리크 마차르 부통령을 쿠데타 세력으로 지목했어요. 이에 부통령을 지지하는 군인과 민간인으로 구성된 민병대는 남수단 북부에 있는 유전 지대를 장악하고 정부군과 충돌했어요. 동지에서 하루아침에 적이 된 배경에는 키르 대통령과 마차르 부통령의 출신 부족과 관계가 있었어요. 키르 대통령은 남수단의 최대 부족인 딩카족 출신이고, 마차르 부통령은 딩카족 다음으로 많은 누에르족 출신이에요. 딩카족과 누에르족은 오래전부터 남수단에서 다툼이 많던 부족이에요. 따라서 이들의 갈등은 겉으로 보기에는 정치적으로 정권을 잡기 위한 문제로 보일 수 있지만, 그 속에는 서로 다른 부족 간의 오래된 갈등이 숨어 있던 셈이에요.

　이들의 갈등으로 100만 명 이상의 사람들이 사망했고, 150만 명가량은 난민으로 떠나갔다고 해요. 이에 국제연합은 남수단을 '아프리카에서 가장 도움이 필요한 나라'로 규정했습니다.

　키르와 마차르는 최근까지도 대통령의 임기를 연장하고 평화협정을 체결하는 등 다양한 방법으로 화해하는 모습을 보였어요. 국제연합은 물론 교황까지 나서서 이들의 의견을 조정하기 위해 노력하고 있지요. 하지만 여전히 갈등의 불씨가 잦아들지 않으니 안타까운 일이에요.

자원
새똥 전쟁을 치른 페루와 칠레

새똥이 뭐길래

'새똥 전쟁'이라니 이름부터 재미있습니다. 새의 똥 때문에 전쟁이 일어난다니 정말 가능한 일일까요? 결론부터 말하자면 실제로 있었던 일이에요. 어떻게 이런 일이 일어났는지 한번 살펴볼게요.

남아메리카에는 잉카 문명의 발상지로 유명한 페루가 있어요. 페루의 수도는 리마예요. 아래쪽에는 항구 도시 피스코가 자리하고 있지요. 이 항구 도시의 남서쪽 해안가에 작은 섬 3개가 모여 있는 친차 군도가 있어요. 이곳에는 풍부한 수산 자원을 먹이로 하는 갈매기, 가마우지, 펠리컨 등 다양한 바닷새들이 살지요. 외딴섬이다 보니 이들을 위협하는 천적도 없었어요. 수백만 마리의 새들은 아주 오랫동안 어마어마한 배설물을 섬에 쌓아 놓았고, 이 배설물이 쌓이고 쌓여 만들어진 것이 바로 구아노(Guano)라는 천연 비료예요. 수백 미터의 산을 이루었다고 하니 그 양이 상당했던 모양이에요.

구아노에는 식물을 병으로부터 지켜 주는 균이 많이 함유되어 있고, 일반 가축의 배설물보다 인산과 질소가 수십 배 많았다고 해요. 비료의 중요한 요소 중 하나가 인산인데, 이것의 함유량이 높기 때문에 고대 잉카 제국 때부터 비료로 사용되며 귀한 보물로 여겨 왔어요. 그리고 이 귀한 보물에 눈독을 들인 사람들이 있었지요.

페루를 부자로 만든 구아노

18세기 산업 혁명 이후, 유럽에서는 비료가 많이 필요했어요. 과학 기술의 발달로 인구가 늘어나면서 그만큼 식량도 더 많이 필요했기 때문이에요. 페루 정부는 유럽의 이러한 상황을 잘 알고 구아노를 채굴해서 유럽에 판매하기 시작했어요. 영국, 프랑스, 독일이 주요 수입국이었는데, 그중 영국이 제일 많은 양을 수입했어요. 구아노를 채굴한 첫해에만 10톤 넘게 채굴했고, 매년 수십 톤씩 채굴해서 수출했어요. 이 판매 금액을 기반으로 페루는 국가의 빚을 다 갚고 매년 경제 성장률 9%를 기록하며 남아메리카 최고의 부자 국가로 성장했지요.

인류를 먹여 살린 천연 비료 구아노
신의 선물에서
전쟁의 씨앗이 되다

하지만 만들어지는 양보다 채굴하는 양이 많다 보니, 친차 군도의 구아노는 점차 고갈됐어요. 페루 정부는 다른 곳에 눈을 돌렸어요. 이웃 나라 볼리비아와의 국경 지대에 있는 아타카마사막의 구아노예요. 당시 볼리비아는 구아노를 채굴할 기술력이 부족하여 칠레의 자본을 끌어들여 채굴했어요. 이 와중에 페루는 고갈되어 가는 구아노를 국가가 독점하여 이익을 높이기 위해 국유화했지요. 그리고 페루 정부는 볼리비아에 제안을 합니다. 볼리비아의 구아노로 칠레만 경제적 이득을 취하고 있으니, 칠레와 거래를 끊고 국유화한 뒤 자신들에게 구아노 채굴권을 보장해 주면 자신들이 도와주겠다고 했지요. 볼리비아 정부 입장에서는 당시 군사 강국이던 페루의 제안을 거절할 이유가 없었어요. 그래서 칠레와 거래를 끊고, 칠레인이 운영하는 광산 회사는 관세도 올려 받고, 아울러 페루에게 개발권을 넘겼어요.

이 상황이 칠레에게는 정말 화가 나는 상황이었어요. 자신들의 도움으로 구아노를 채굴하던 볼리비아에게 쫓겨나다시피 했으니까요. 그래서 칠레는 볼리비아를 공격했고, 페루는 볼리비아와 함께 전쟁을 시작했어요. 이것이 바로 1879년부터 1883년까지 진행된 남미 태평양 전쟁, 즉 새똥 전쟁이에요.

승자 없는 전쟁

전쟁에 참여한 페루와 볼리비아는 자신이 있었어요. 칠레의 군사는 2,500명가량이었고, 페루는 8천 명, 볼리비아는 3천 명 정도로 칠레보다 군사력이 4배 정도로 강력했으니까요. 하지만 군사력이 상대적으로 약한 칠레가 볼리비아를 먼저 공격한 데는 다 이유가 있지 않았을까요? 페루가 구아노를 국유화하면서 가격이 오른 것에 불만이 있던 영국과 프랑스 등 유럽 국가들이 칠레를 도와 전쟁에 참가하기로 한 거예요. 페루와 볼리비아 연합국은 칠레와 영국 그리고 프랑스 등의 유럽 연합국에 결국 무릎을 꿇었어요. 이 전쟁으로 페루는 천연자원이 많은 남부 해안 지역을 빼앗기고, 볼리비아 역시 해안 지역을 칠레에 내주면서 바다가 없는 내륙 국가가 되었어요.

페루는 전쟁 이후 지금까지도 경제적으로 완전히 회복을 못 하고 있어요. 볼리비아는 천연가스의 매장량이 많지만 내륙 국가의 특성상 수출을 못 하니 아직도 가난한 나라에 속해요. 칠레 역시 전쟁에는 승리했지만, 자원의 국유화를 선언했다가 이에 불만을 품은 반란군이 영국의 지원을 받아 쿠데타를 일으키는 등 경제적으로 크게 일어서지 못하고 있어요. 그리고 페루, 볼리비아, 칠레 세 국가는 자원 때문에 시작된 전쟁의 앙금이 지금까지도 남아 있답니다.

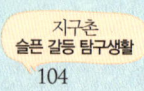

민족

캐나다 속 작은 프랑스 퀘벡주

자원을 탐낸 강대국들의 침입

보통 한 나라를 구성하고 있는 사람들은 같은 문화를 가지고 살아가요. 문화에는 음식과 노래, 옷 등 다양한 것들이 있는데 그중 하나가 바로 '언어'지요. 한국처럼 하나의 언어를 사용하는 사람만 모여서 국가를 형성한 경우가 대부분이지만, 2개 이상의 언어를 함께 사용하는 국가도 많아요. 캐나다도 그런 국가 중 하나랍니다. 캐나다는 영국의 영향으로 거의 대부분이 영어를 사용해요. 하지만 '퀘벡주'라는 곳은 상황이 달라요.

캐나다는 원래 이누이트족과 아메리카 인디언이 살았던 땅이에요. 한반도보다 45배나 넓고 풍부한 자원이 있는 땅을 유럽의 침략자들이 보고만 있을 리 없지요. 초반에는 영국, 프랑스, 에스파냐, 포르투갈이 어업을 위해 캐나다에 상륙했지만, 먼저 자기네 땅이라고 주장한 나라는 프랑스였어요.

16세기 초 프랑스 사람들은 캐나다 땅에 머물러 살았고 모피 교역을 활발히 하면서 자기네가 지배하고 통제해야 하는 땅이라고 영유권을 주장했어요. 영국 또한 캐나다의 모피 교역과 풍부한 어족 자원을 탐냈지요. 영국과 프랑스는 캐나다를 두고 100년가량 전쟁을 계속했어요. 그 결과 마지막까지 남아 있던 퀘벡주까지 영국의 손에 넘어갔지요.

퀘벡주에 남게 된 프랑스 사람들

캐나다는 프랑스에서 영국으로 영유권이 넘어갔지만, 퀘벡주를 중심으로 곳곳에 프랑스 사람들이 계속 살았어요. 특히 퀘벡주는 주민의 80% 이상이 프랑스 사람이어서 캐나다 속의 작은 프랑스를 형성했지요. 이후 영국계 캐나다 사람과 프랑스계 캐나다 사람의 갈등이 끊임없이 일어났어요. 프랑스계 캐나다 사람들은 영국 정부에 계속 대항했어요. 캐나다는 영국의 손에 넘어갔지만 언어, 풍습, 종교 등 모든 면에 있어서 프랑스 사람들은 영국에 쉽게 흡수되지 않았어요. 결국 1774년에 제정된 퀘벡법에 따라 프랑스 사람들의 문화는 보호를 받게 되었답니다. 이후 1867년 퀘벡주를 포함한 캐나다 연방이 성립되었어요. 그때는 프랑스계 캐나다 사람과 영국계 캐나다 사람 모두 건국의 공로를 인정받으며 시작했어요.

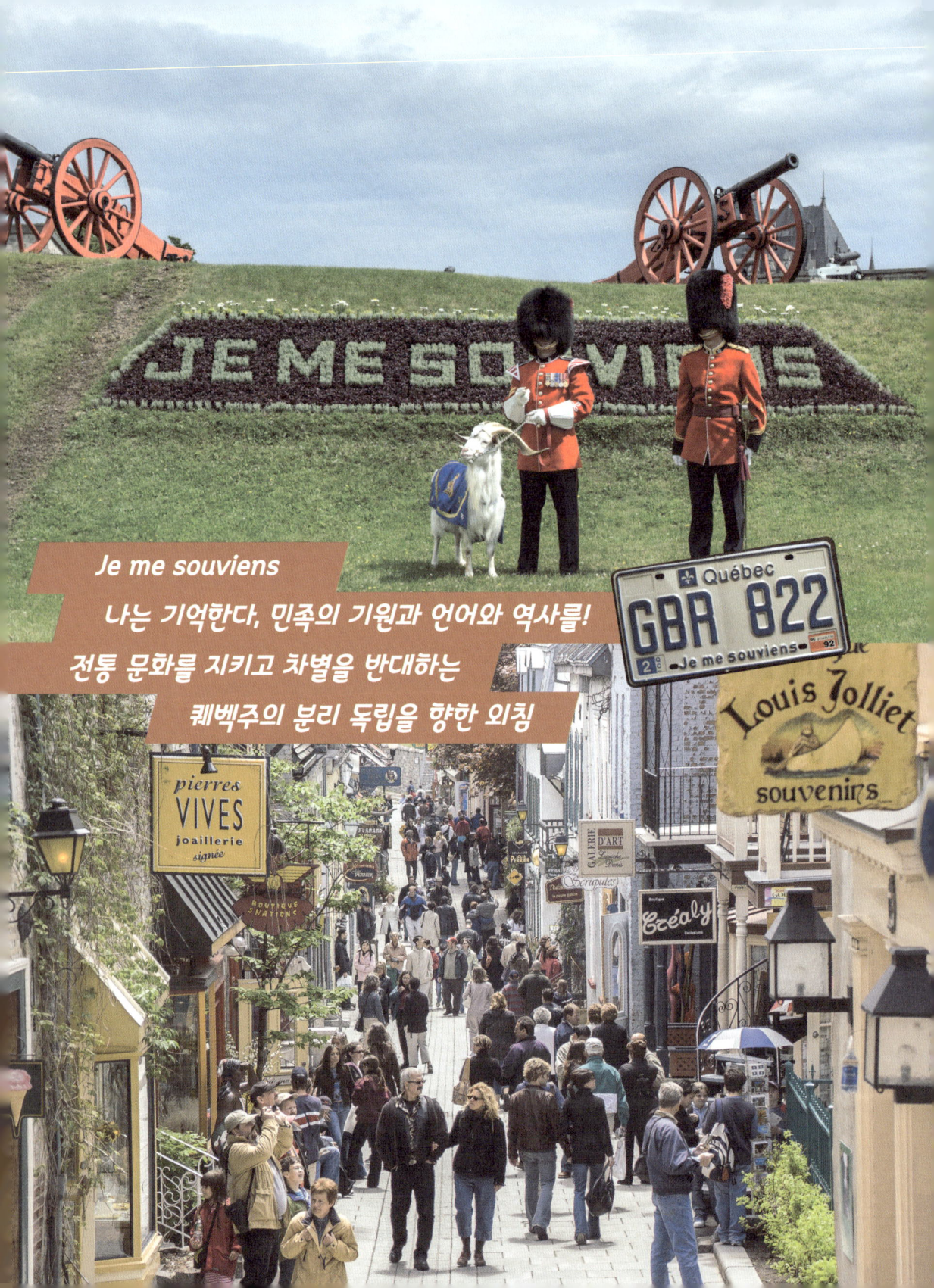

Je me souviens
나는 기억한다, 민족의 기원과 언어와 역사를!
전통 문화를 지키고 차별을 반대하는
퀘벡주의 분리 독립을 향한 외침

캐나다 속의 특이한 사회, 퀘벡

다른 민족이 한 국가에서 함께 살아간다는 것은 결코 쉬운 일이 아니에요. 프랑스계 캐나다 사람은 오랜 세월 피지배자의 위치에서 차별을 받았어요. 그러다 20세기 후반 퀘벡 분리주의 운동으로까지 연결되었어요. 캐나다 연방 정부에서는 프랑스어를 공용어로 인정하면서 프랑스계 캐나다 사람의 마음을 위로해 주었지만, 퀘벡주의 분리 독립을 묻는 국민 투표까지 막지는 못했어요.

퀘벡주 분리 독립을 묻는 국민 투표는 두 번 실시되었어요. 1980년에는 분리 반대 60%로 실패했고, 1995년에는 분리 반대 50.6%, 찬성 49.4%로 불과 5만 표 정도로 분리 독립하지 못했어요. 만약 퀘벡주가 분리 독립한다면 캐나다는 주민의 25%, 영토의 15% 가량을 잃어버리는 셈이에요.

현재 퀘벡주는 프랑스에 이어 세계 제2의 프랑스어권으로 불려요. 퀘벡주 곳곳에서는 프랑스의 전통적인 모습과 문화를 쉽게 찾아볼 수 있지요. 또한 자동차 번호판을 비롯해 퀘벡주 어디를 가도 "나는 기억한다(Je me souviens)"는 문장을 쉽게 발견할 수 있어요. 민족의 기원과 언어와 역사를 항상 기억한다는 뜻이라고 해요. 최근에는 드라마 촬영지로 유명해져 한국 관광객이 많이 찾고 있답니다. 문화의 독자성을 인정받으며 세계의 주목을 받는 퀘벡주. 퀘벡주의 분리 독립에 관한 국민 투표가 언제 다시 시작될지는 시간문제예요.

사방이 막힌 카스피해

우리가 흔히 바다를 떠올릴 때는 막힌 곳이 없는 넓고 푸른 바다를 생각하게 돼요. 하지만 카스피해는 한반도의 1.7배 정도의 넓은 면적이지만 그 모습은 마치 호수처럼 사방이 육지로 막혀 있어요. 러시아, 이란, 카자흐스탄, 투르크메니스탄, 아제르바이잔으로 둘러싸여 있지요. 수심은 제일 낮은 북부 지역이 4~6m 정도며 남부 지역의 가장 깊은 곳은 1,024m 정도나 된다고 해요. 면적이 넓다 보니 깊이도 정말 다양해요. 카스피해는 볼가강, 우랄강, 테레크강의 물이 북쪽에서 흘러들고, 50개의 작은 섬들이 있어요.

바다인가? 호수인가?

일반적으로 바다와 호수를 구분하는 기준은 몇 가지가 있어요. 그중 하나가 염도입니다. 소금의 함량이지요. 물을 농작물에 주었을 때 농작물이 죽는 2‰(퍼밀) 이상을 바다라고 불러요. 바다 전체의 평균 염도는 35‰ 정도예요. 염도를 기준으로 한다면 카스피해는 평균 염도가 12‰ 정도를 유지하기 때문에 바다라고 불러요. 또 다른 구분 기준은 형태예요. 대양과 연결되어 있지 않고 육지로 막혀 내륙에 존재하는 고인 물은 호수로 보지요. 그래서 카스피해를 세계에서 제일 큰 호수로 알고 있는 사람도 많아요. 하지만 호수라고 하기에는 크기가 너무 크고, 염분도 바다에 걸맞기 때문에 바다로 보는 견해가 많은 편이에요.

정리하면 형태는 호수 같지만 거대한 규모와 염분이 섞여 있어, 호수와 바다의 특징을 모두 가지고 있는 거대한 바다가 카스피해랍니다.

자원의 발견으로 달라진 해석

그런데 세계는 카스피해가 바다인지 호수인지를 두고 목소리를 높이고 있어요. 바다인지 호수인지 정하는 문제가 왜 중요할까요? 그 이유는 바로 자원 때문이에요. 카스피해를 조사한 결과 세계 3위 규모에 해당하는 엄청난 양의 석유와 더불어 천연가스까지 매장되어 있고, 철갑상어를 비롯한 수많은 수산 자원이 존재한다는 사실이 밝혀졌어요. 이후 인접한 다섯 국가는 카스피해가 호수냐 바다냐를 두고 20년 동안 갈등하고 있어요. 예전에는 소련과 이란이 카스피해를 호수로 규정하고 그 영유권을 50%씩 나누어 가졌어요. 1991년 소련이 붕괴되면서 카스피해에 인접한 카자흐스탄, 아제르바이잔, 투르크메니스탄이 독립했고, 카스피해에 대한 권리를 주장할 수 있는 국가가 다섯이 되면서 갈등이 시작되었답니다.

카스피해가 바다냐 호수냐가 중요한 이유는 국제해양법과 관련이 있어요. 카스피해를 바다로 보면, 국제해양법에 따라 해안선으로부터 12해리(1해리는 1,852m)까지를 영해로 확보할 수 있어 해당 영해에 대한 우선적인 권리를 확보하게 돼요. 반면 호수로 본다면, 카스피해에 인접한 다섯 국가가 똑같이 20%씩 권리를 갖게 되지요. 또한 바다라면 각국의 영해를 함부로 침범할 수 없지만, 호수라면 이러한 제한이 없기 때문에 해군의 군사력이 강한 나라는 호수라고 주장하는 거예요.

이란은 해안에 마땅한 자원이 없으니 공동수역으로 관리하는 것이 유리하기 때문에 호수로 봐야 한다고 주장해요. 반면 석유의 매장이 확인된 카자흐스탄, 아제르바이잔, 투르크메니스탄은 바다라고 주장하고 있었어요. 러시아는 해군력이 강해서 원래 이란과 함께 호수라고 주장하다가 러시아 인근에서 대량의 유전이 발견되면서 2008년 이후부터는 바다라고 주장을 바꾸기도 했지요.

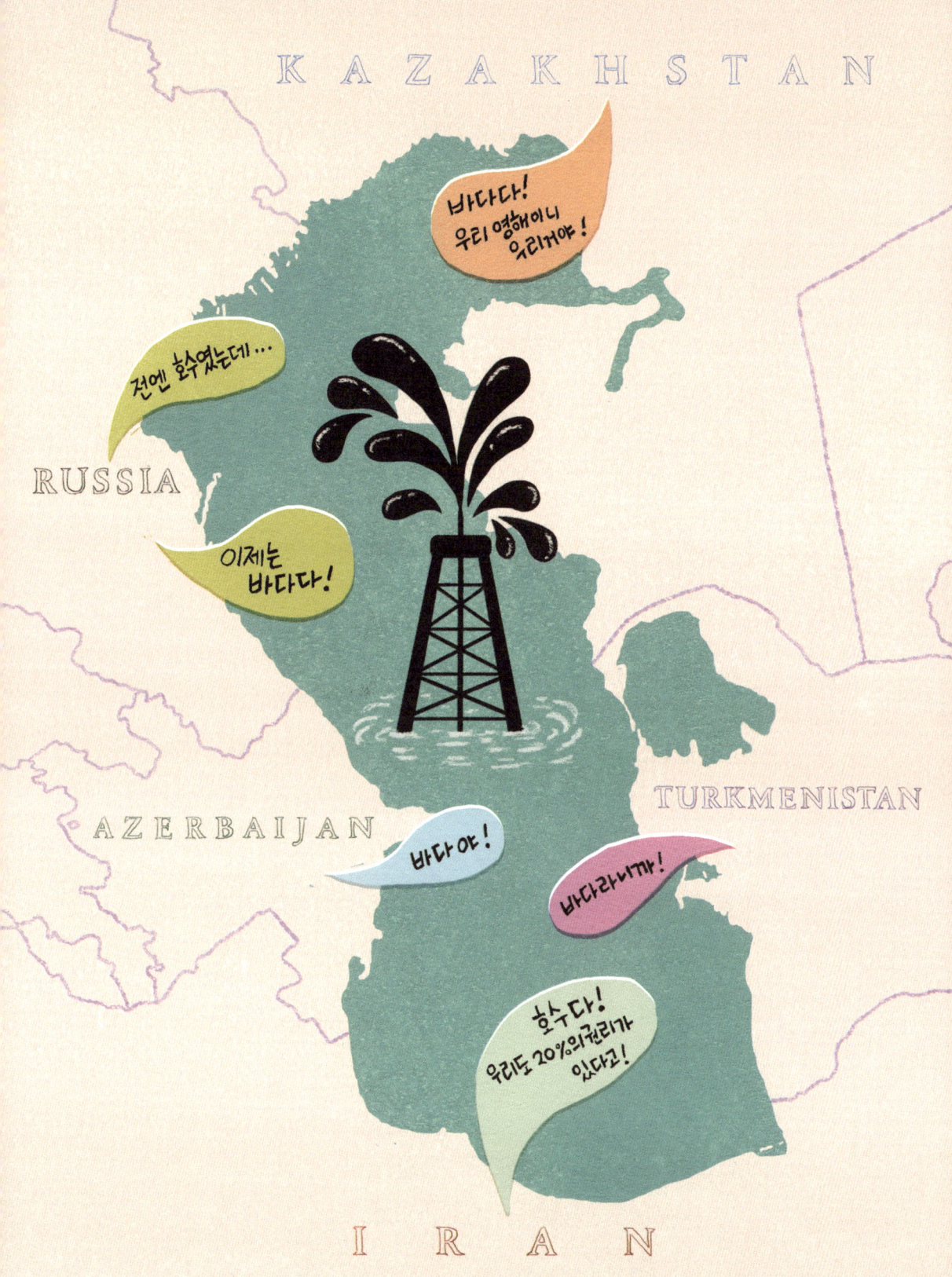

특수한 지위를 가진 바다

이렇게 오랜 기간 각자의 입장에서 유리한 조건만 제시하던 이 논쟁은 2018년에 와서야 잠잠해졌어요. 카스피해에 인접한 다섯 국가가 공동 정상 회담을 열고 '카스피해의 법적 지위에 관한 협정'에 합의했답니다. 이 합의에서 카스피해를 '특수한 지위를 가진 바다'로 규정하고, 세부 조항에서 특수한 법적 자격을 주기로 합의하면서 논란은 마무리되었어요.

다섯 인접 국가는 자기 나라 연안에서 15해리까지 영해로 하고, 25해리까지를 배타적 경제 수역으로 설정했어요. 일반적으로는 연안으로부터 12해리까지 영해, 200해리까지를 배타적 경제 수역으로 하는데, 이곳은 다르게 협의한 것이죠. 배타적 경제 수역이란 영해 바깥에 설정되는 구역인데, 연안 국가에서 수산물은 물론 지하자원까지 소유권을 주장할 수 있는 지역을 말해요. 또한 해저 자원의 소유권은 국제법에 따라 소유권이 있는 나라 간 합의에 의해 분할하고 연안 국가 외의 군대가 카스피해로 진입하는 것은 인정하지 않기로 했어요.

각국의 이해관계에 따라 카스피해라는 지역을 이해하는 관점이 다르고 이 때문에 갈등이 불거졌듯이, 이를 조정하고 해결하는 것 또한 각국의 이해와 양보가 필요한 문제입니다.

자원, 해상 교역로

남중국해의 패권 다툼

난사 군도, 분쟁의 시작

난사 군도는 남중국해의 가운데 있는 100여 개의 작은 섬과 산호초 및 암초, 모래로 이루어져 있는 곳이에요. 군도란 여러 개의 섬이 모여 있는 형태를 말합니다. 난사 군도라는 명칭은 중국식이고, 베트남어로는 '쯔엉사 군도'라고 부르고, 필리핀은 '칼라얀 군도', 말레이시아는 영어식 '스프래틀리 군도'라고 불러요.

난사 군도의 작은 섬과 암초 들은 대부분이 바닷물의 높이가 올라가는 만조 시에 바닷물에 잠기기 때문에 20세기 초까지만 해도 주변 국가들은 난사 군도에 특별한 관심을 보이지 않았어요. 따라서 영유권을 주장하지도 않았지요. 그러나 1918년 이 지역에서 자원을 발견한 일본이 철광석을 채굴하기 시작하면서 일본과 프랑스의 영유권 다툼 끝에 1939년 일본이 이 지역의 영유권을 선포하게 되었어요.

내가 만든 물건이 있으니 그곳은 내가 주인

제2차 세계대전이 끝나고 1951년 샌프란시스코 조약이 체결되면서 일본은 자신들이 점령하고 있던 난사 군도의 영유권을 포기해야 했어요. 그 뒤 난사 군도 주변국인 베트남과 중국이 서로 난사 군도의 영유권을 주장했어요. 지금은 난사 군도 주변국 대부분이 영유권을 주장하는 상황이에요. 중국, 타이완, 베트남은 난사 군도 전역의 영유권을 주장하고, 필리핀, 말레이시아, 브루나이는 일부분에 대한 영유권을 주장하고 있어요.

난사 군도의 실질적인 지배를 노리는 중국은 난사 군도에 모래 제방이나 활주로 같은 인공 구조물을 설치하고, 필리핀이 영유권을 주장하는 난사 군도 동부의 미스치프 산호초에 콘크리트로 구조물을 세워 놓았어요. 필리핀도 가만있지 않았습니다. 중국 선박에 위협사격을 하고 난사 군도의 필리핀 해역에서 어업을 금지시켰어요. 말레이시아도 질 수 없다는 듯 난사 군도 바다에 무언가 만들어 놓는 등 갈등이 깊어지고 있지요.

자원이 풍부해 슬픈 시사 군도

갈등 지역인 난사 군도의 북서쪽에는 시사 군도가 있어요. 베트남 중부에서 동쪽으로 400km, 중국 하이난섬에서 남동쪽으로 350km쯤 떨어진 곳이에요. 북동쪽 암피트리테 군도와 서쪽의 크레센트 군도로 나뉘고, 군도에 속한 섬들은 고도가 매우 낮고 면적이 2.5km²를 넘는 섬이 없어요. 사람이 거주하기 어려운 환경이기 때문에 거북이와 갈매기 등의 서식지로 이용되는 섬들이랍니다.

시사 군도 역시 그 주변국인 중국, 타이완, 베트남이 모두 자신들의 섬이라고 주장하고 있어요. 1932년 프랑스령 인도차이나가 이곳에 기상 관측소를 설치하기도 했고, 암피트리테 군도에 있는 우디섬은 1947년까지 중국이, 크레센트 군도의 가장 큰 섬인 프래틀섬은 그곳에 있는 기상 관측소를 베트남이 관리하면서 자신들의 영역을 확보하고 있었어요.

그런데 1974년 세계적으로 갈등의 중심에 있는 자원, 석유가 남중국해 해저에 매장되어 있다는 것이 확인되었어요. 베트남은 발 빠르게 외국의 석유 회사와 채굴 계약을 맺었고, 중국은 기상 관측소를 공격해 직원을 포로로 잡고 시사 군도 전체를 장악했어요. 이후 중국이 점령하고 있는 시사 군도는 항상 분쟁의 불안 속에 있답니다.

자원과 바닷길이 이유라는데…

난사 군도와 시사 군도의 갈등의 중심에는 지하자원이 있어요. 난사 군도는 풍부한 어류 자원과 함께 해저에 180억 톤의 석유와 아울러 천연가스, 철광석도 있습니다. 시사 군도 역시 석유와 천연가스가 해저에 매장되어 있고, 그 주변의 수산물도 풍부한 곳이지요. 이러한 자원은 난사 군도와 시사 군도가 누구의 영토이냐에 따라 소유권이 달라지기 때문에 이렇듯 치열하게 싸우는 거예요.

　또 하나의 이유는 바로 해상 교역로를 차지하기 위해서예요. 남중국해는 서남아시아와 유럽의 무역선이 중국 서부의 주요 대도시와 한국, 일본 등의 동아시아로 갈 수 있는 중요한 바닷길이에요. 남중국해를 차지한다는 것은 다른 국가의 간섭 없이 자유로운 항해를 보장받는 것이기 때문에 활발한 무역 활동을 위해서는 꼭 확보해야 하지요.

　내 나라의 이익을 위해서라면 무력도 서슴지 않는 분쟁 지역 남중국해는 언제쯤 갈등이 없는 아름다운 바다와 섬으로 돌아갈 수 있을까요?

약속을 저버린 강대국들

서남아시아의 집시, 쿠르드족

나라가 없어 슬픈 쿠르드족

친구들끼리 한 작은 약속이라도 약속을 지킨다는 것은 소중한 일이에요. 그런데 국가를 건설해 주겠다는 약속이 깨지면 어떻게 될까요? 이 약속 때문에 아직까지도 독립된 국가를 갖지 못하고 떠도는 사람들이 있어요. '서남아시아의 집시'라고 불리는 쿠르드족이에요.

쿠르드족은 중동 지역에 거주하는 아랍인, 튀르키예인, 이란인 다음으로 많은 3천만 명 정도 되는 소수 민족이에요. 남한 인구가 5천만 명이니 남한 인구의 절반보다 많은 수의 사람이 국가 없이 살고 있는 셈이에요. 그들은 쿠르드어라는 자신들만의 언어를 사용하고, 해발 고도가 3,000m 정도 되는 쿠르디스탄이라는 지역에 살아요. 쿠르디스탄은 남한 면적의 5배

쯤 되는 넓은 지역으로 고도가 높고 험해요. 여러 하천이 흐르고 있어서 쿠르드족 사람들은 그 물을 이용해 농업과 유목 형태의 목축업을 중심으로 생활한답니다.

쿠르드족은 쿠르디스탄을 중심으로 하나의 국가를 이루려고 했어요. 그러나 쿠르디스탄 지역이 튀르키예, 시리아, 이라크, 이란 등의 나라로 분리되면서 국가 없는 민족이 되고 말았어요. 이렇게 쿠르드족은 튀르키예에 1,900만 명, 이란에 840만 명, 이라크에 560만 명 등 여러 나라에 흩어져 살고 있어요.

메아리처럼 사라진 약속

이들은 '서구 열강의 약속 파기'라는 슬픈 역사를 가지고 있어요. 제1차 세계대전 당시 오스만 제국(지금의 튀르키예)을 제압하기 위해 영국 중심의 연합국이 쿠르드족을 전쟁에 참여시켰어요. 독립 국가를 세워 준다는 약속을 하고요. 그때까지 쿠르드족은 단 한 차례도 자신들만의 국가를 갖지 못하고 다른 민족의 지배를 받아 왔어요. 연합국의 약속은 그런 쿠르드족에게 솔깃한 제안이었어요. 그리고 제1차 세계대전에서 패배한 오스만 제국과 연합국이 맺은 세브르 조약(1920년)에는 쿠르드족의 국가 건설에 관한 내용이 처음으로 기록되기도 했습니다.

하지만 쿠르디스탄 지역이 포함된 튀르키예의 정치 상황이 바뀌자 쿠르드족의 독립 국가 건설을 약속한 세브르 조약은 한순간에 파기되어 사라졌어요. 이후 1925년 쿠르디스탄은 연합국의 승인 아래 튀르키예, 이란, 이라크, 시리아, 소련으로 분리되고 각 나라에 속하게 되었지요. 독립 국가 건설이라는 꿈을 품었던 쿠르드족에게는 정말 가슴 아픈 상황이었어요.

석유를 두고 벌인 검은 거래

쿠르드족의 갈망이 컸던 만큼 또다시 기회가 찾아왔어요. 제2차 세계대전 후반에 이란 북서부 지역에서 쿠르드족의 독립 운동이 일어났어요. 그리고 전쟁이 끝난 1946년, 그 당시 소련의 지원을 받은 쿠르디스탄 인민 공화국(혹은 마하바드 공화국)이 수립되었어요. 하지만 그들의 공화국은 그리 오래가지 못했어요. 쿠르디스탄 지역에 매장된 석유 채굴권이라는 막대한 이익을 두고 미국, 영국, 소련, 이란 정부 사이에 검은 거래가 오고갔어요. 쿠르드족을 지원하던 소련이 철수하고, 뒤이어 바로 이란이 쿠르디스탄 인민 공화국을 점령하여 반년 만에 붕괴되었지요. 그 후 이란 내에 남아 있던 쿠르드족은 이란 정부의 강력한 동화 정책에 영향을 받았어요.

대량 학살과 난민

1980년 이후에는 천만 명이 넘는 쿠르드족이 거주하는 튀르키예에서 전통 의상 착용 금지, 쿠르드어 사용 금지 등의 강도 높은 동화 정책이 실시되었고, 튀르키예의 정치적 상황에 따라 쿠르드족의 상황도 계속 변화되었어요. 쿠르드족 정당 탄압, 신문 폐간, 쿠르드족 국회의원의 체포, 활동가 암살 등이 끊임없이 일어났지요. 한때 유럽연합(EU)에 가입하기 위해 튀르키예가 쿠르드족에 대해 관대한 정책을 펴기도 했지만, 지금도 쿠르드족의 사회적 차별 문제는 완전히 해결되지 않고 있답니다.

1980년에는 이란과 이라크 사이에 유전 지역을 차지하기 위한 전쟁이 일어났어요. 전쟁 후반기에는 이라크에 속한 쿠르디스탄 지역에서 대학살이 일어나기도 했어요. 그곳에 침입한 이란군을 제거한다는 이유로 미국의 지원을 받은 이라크가 대량의 화학 무기를 사용해 5천 명의 쿠르드족을 학살했어요. 이 사건은 그 지역의 이름을 따서 '할라브자 사건'이라고 불러요. 이외에도 이라크에 의해 학살된 쿠르드족이 20만 명이나 된다고 합니다.

이러한 상황을 피해 쿠르드족 난민은 이란과 튀르키예로 이동했어요. 하지만 그쪽 사정도 녹녹치 않았어요. 이란과 튀르키예는 이들을 난민으로 인정하지 않거나 이들이 머무는 캠프와의 접촉을 제한하는 등 쿠르드족의 생활을 어렵게 하고 있어요.

쿠르드족은 미국을 도와 이슬람 무장 테러 단체 IS를 제거하기 위한 다양한 작전에 참여하기도 했어요. 하지만 트럼프 대통령이 당선되면서 미군이 철수하게 되었고, 평소 쿠르드족을 제거하고 싶었던 튀르키예는 이때다 싶어 쿠르드족을 공격하는 상황이 발생했어요. 쿠르드족은 또다시 배신을 당하고 전쟁의 소용돌이 속에서 빠져나오지 못하는 상황이랍니다.

반복되는 비극, 이루어지지 않는 소망

쿠르드족에게는 단 한 가지 소망이 있어요. 바로 자신들만의 나라를 세우는 거예요. 이 소망이 쿠르드족에게는 너무도 간절하다는 것을 주변 열강들은 잘 알고 있답니다. 그래서 1차 세계대전, 2차 세계대전, 이라크에서 일어난 걸프 전쟁, 그리고 IS 격퇴 작전까지 미국을 도와 작전에 앞장섰던 쿠르드족이었어요. 이들이 계속 배신을 당하면서도 끊임없이 전쟁에 참가하고 희생을 당했던 이유는 독립 국가, 단 하나였어요.

쿠르드족의 간절함을 자신들의 전쟁에 이용한 주변 국가와 강대국, 이 일만 잘 되면 강대국의 힘을 빌려 우리도 독립된 국가를 가질 수 있을 것이라는 쿠르드족의 소망. 어느 쪽도 바뀌지 않고 같은 일이 반복되는 상황 속에서 가슴 아픈 쿠르드족의 비극을 끝낼 방법은 없는 걸까요?

쿠릴 열도와 북방 영토는 어디일까요?

일본을 구성하고 있는 4개의 큰 섬 중에서 가장 북쪽에 위치한 홋카이도(북해도)의 동쪽에는 섬들이 한 줄로 늘어서 있어요. 가장 남쪽 쿠나시르부터 가장 북쪽 슘슈까지를 '쿠릴 열도', 일본에서는 '지시마 열도'라고 부르지요. 이 중에서 남쪽에 있는 하보마이 군도(이하 하보마이), 시코탄, 쿠나시르, 에토로후까지는 과거 일본의 영토였고, 나머지는 러시아 제국의 영토였어요. 일본의 영토였던 4개의 섬은 제2차 세계대전 이후에 소련이 점령했고, 소련에서 러시아로 변할 때까지 70년간 러시아가 실질적으로 지배했답니다.

4개 섬을 합한 면적은 그리 크지 않아요. 제주도의 1.4배 정도니까요. 하지만 일본이 러시아에 지속적으로 반환을 요구하는 영토 분쟁 지역이지요. 일본에서는 쿠릴 열도 영토 분쟁을 북방 영토 분쟁이라고 부르며 자신들의 영토였음을 강조하고 있어요. 이곳은 왜 분쟁 지역이 되었을까요?

쿠릴 열도에 국경이 생기다

18세기 말 일본은 서구 열강이 무역을 위한 개방을 끊임없이 요구하자 불안했어요. 그러던 중 쿠나시르와 에토로후, 사할린에 대해 조사를 하고 러시아 제국의 남하를 감시하기 위해 에토로후 남쪽 섬에 경비소를 설치했어요. 1855년 일본은 결국 러시아 제국과 러일 통상우호조약(1차 러일 조약)을 체결했어요. 이때 에토로후와 우루프 사이에 러시아 제국과의 국경선이 설정되고, 남쪽의 하보마이, 시코탄, 쿠나시르, 에토로후는 일본 땅이 되었어요. 이것을 근거로 일본은 그 지역을 일본의 고유 영토라고 주장하고 있습니다.

러일 통상우호조약에서는 사할린에 러시아 제국과 일본의 국경선이 설정되지 않았어요. 그러니 사할린은 일본 사람과 러시아 제국 사람이 함께 사는 공간이 되었지요. 이후 러시아 제국이 사할린에 세력을 확대해 나가자 혼란이 시작되었어요.

1875년 러시아 제국과 일본은 사할린과 쿠릴 열도 교환조약(2차 러일 조약)을 체결했어요. 이 조약은 일본이 사할린 전체에 대한 권리를 포기하는 대신 러시아 제국의 영토였던 우루프섬과 그 북쪽 쿠릴 열도의 18개 섬을 넘겨받는다는 내용이에요. 넓은 땅 사할린을 포기하고 작은 섬들을 넘겨받는 일본에게는 불리한 조약이었어요. 그때 수립된 지 얼마 되지 않은 일본의 메이지 정부로서는 강대국 러시아 제국에게 불만을 표시할 만큼 힘이 없었답니다. 하지만 1904년 러일 전쟁에서 일본이 승리하면서 북위 50도를 경계로 사할린 남부 지역을 일본 땅으로 찾아왔어요.

오늘의 승전국이 반드시 내일의 승전국이라는 법은 없지요. 제2차 세계 대전에서 패배한 패전국 일본은 1945년 8월 15일 연합국에 항복했어요. 소련은 이때다 싶었어요. 8월 18일 소련의 군대가 쿠릴 열도의 최북단 슘슈섬을 침략하면서 불과 10여 일 만에 우루프섬까지 점령했어요. 이와 비슷한 시기에 사할린에서도 북위 50도 선 아래쪽을 침략해 쿠릴 열도에 해당하는 4개 섬까지 모두 소련이 차지했지요. 미국의 반대가 없었다면 소련은 홋카이도까지 침략할 생각이었다고 하니 소련군의 기세가 대단했음을 알 수 있어요. 곧이어 소련은 이들 섬을 자신들의 영토로 편입한다는 선언을 하고 쿠릴 열도에 있는 일본인을 강제로 추방했어요.

소련과 일본의 서로 다른 주장

1951년 일본은 연합국과 샌프란시스코 평화조약을 체결하면서 쿠릴 열도와 남사할린의 주권을 포기했어요. 이때 '쿠릴 열도를 어디까지로 볼 것이냐'는 지리적 경계의 범위가 명확하게 기록되지 않았어요. 이것이 지금까지도 쿠릴 열도 분쟁의 한 원인이 되고 있어요.

일본은 러일 통상우호조약과 사할린과 쿠릴 열도 교환조약을 근거로 샌프란시스코 조약에서 포기한 쿠릴 열도는 우루프섬과 그 북쪽의 섬이라고 주장해요. 사할린과 쿠릴 열도 교환조약에는 소련이 일본에 양도할 쿠

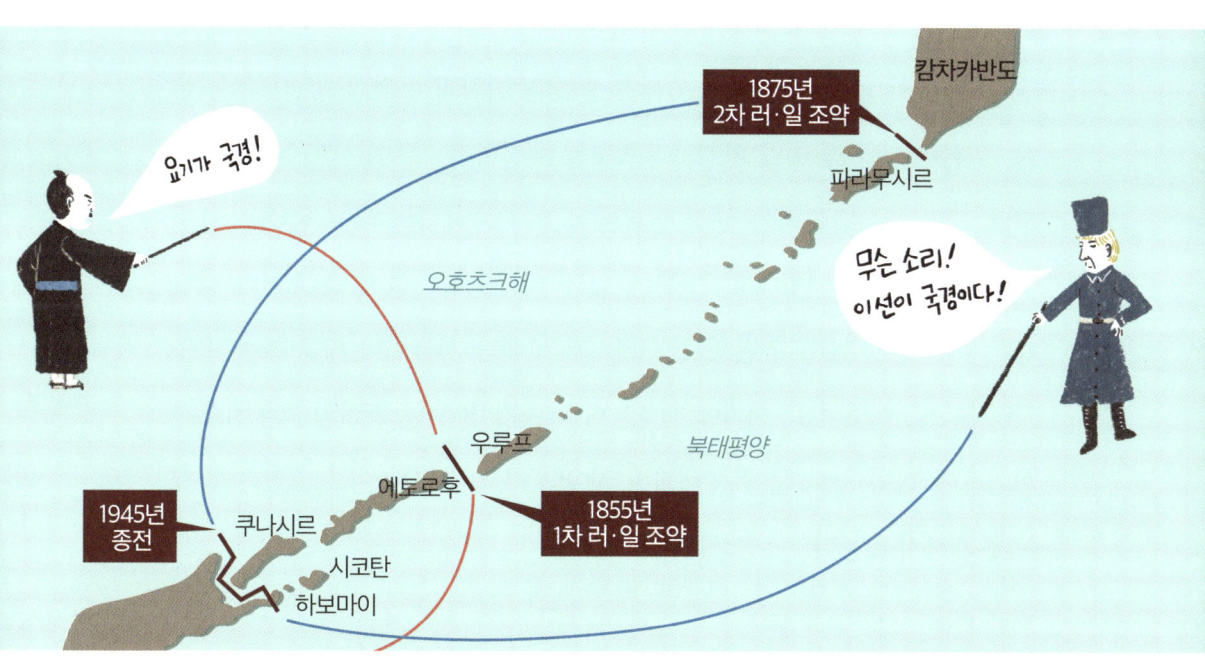

릴 열도의 섬 이름이 모두 열거되어 있는데, 일본이 북방 영토라고 부르는 에토로후, 쿠나시르, 시코탄, 하보마이는 포함되지 않았어요. 결국 샌프란시스코 조약에서 일본이 포기하는 쿠릴 열도에는 이 북방 영토가 포함되지 않지요. 하지만 소련은 일본의 주장을 억지라고 해요. 일본이 포기할 쿠릴 열도에는 북방 영토를 포함하는 섬들이라고 주장하고 있어요. 또한 소련의 입장에서는 샌프란시스코 조약이 소련의 참여 없이 미국의 주도로 맺은 조약이기 때문에 소련과 일본이 직접 조약을 체결해야 한다고 주장했어요.

이후에도 소련과 일본은 계속 협의를 했고, 1956년 소일 공동선언을 발표했어요. 북방 영토의 4개 섬 중 하보마이, 시코탄 두 섬을 일본에 인도한다는 내용이에요. 모든 세계 갈등과 분쟁이 그렇지만 세계의 정세가 바뀌면 갈등이 악화되기도 해요. 20세기 중반은 미국과 소련의 냉전 시대였어요. 일본이 미국과 미일 안전보장조약을 체결하자, 소련은 하보마이와 시코탄을 일본에 반환하는 대신 일본에서 외국군이 철수해야 한다는 조건을 일방적으로 제시했어요. 일본에 있는 외국군이라면 바로 소련과 대립하는 미국을 말해요. 일본의 입장에서는 그때나 지금이나 미군 철수는 불가능한 조건이었어요. 여기에 한 발 더 나아가 1961년 소련의 흐루시초프 서기장이 '북방 영토 문제는 해결된 것이다.'라고 발언한 이후 소련은 '문제는 존재하지 않는다.'는 주장을 계속하지요.

소련의 붕괴와 정권 교체가 가져온 변화

1991년 소련의 고르바초프 대통령이 일본을 방문해 소일 공동성명을 발표하고, 영토 분쟁이 존재한다는 것을 확인했어요. 그리고 소련이 붕괴되자 북방 영토 문제의 상대가 러시아로 바뀌게 되었습니다.

1993년 러시아의 옐친 대통령이 일본을 방문해 러일 간 영토 문제의 대상인 북방 4도의 이름이 구체적으로 기록된 '도쿄 선언'에 서명했어요. 1997년에는 일본의 하시모토 총리가 러시아를 방문해 '2000년까지 평화조약을 체결하는 데 최선을 다한다.'는 합의를 했지요. 이듬해 옐친 대통령이 일본을 다시 방문하여 북방 영토 반환 이전에 우선 에토로후와 우루프 사이의 국경선을 확정하자고 일본에게 제안했어요. 영토 문제를 해결하기 위한 두 나라의 움직임은 숨 가쁘게 진행되었답니다.

그러던 중 러시아의 정권이 바뀌었어요. 북방 영토 문제를 해결하려는 의지가 강했던 옐친 대통령이 사임하고, 푸틴 대통령이 정권을 잡으면서 상황은 또 바뀌었지요.

그 뒤 두 나라는 1956년 소일 공동선언이 평화조약 협상의 출발점이 되는 기본 문서임을 확인하는 '이르쿠츠크 성명'을 발표했어요. 이로써 평화조약 체결과 2개 섬 반환에 대한 기대가 높아졌지만, 현재까지 실현되지 않고 있어요. 두 나라는 분쟁 해결을 위한 협의를 계속하고 있지만, 별다른 진전 없이 러시아의 실효적 지배가 지속되고 있답니다.

자원, 전략적 위치

댜오위다오일까, 센카쿠 열도일까

섬 이름이 두 개인 이유

동중국해에 타이완의 북동쪽 170km, 일본 오키나와의 서쪽 400km쯤에 작은 섬 5개와 3개의 수중 바위인 암초로 이루어진 군도가 있어요. 군도는 여러 개의 섬이 모여 있을 때 부르는 말이지요. 면적은 $6.3km^2$로 제주도에 있는 우도와 비슷한 크기이고 사람이 살지 않는 무인도랍니다. 이 무인도들을 서로 자기 것이라고 주장하는 일이 발생했어요. 바로 중국과 일본이에요.

먼저 중국의 얘기를 들어 볼까요? 중국은 1403년 명나라 때 이미 이 섬의 존재를 알고 있었다고 해요. 이때부터 '댜오위다오'라 불렀고, 중국의 영토라고 표기되어 있는 여러 고지도를 통해 자신들 섬이라고 계속 주장해요. 1895년 청일 전쟁에서 일본에게 지면서 시모노세키 조약을 맺었는데, 이때 이 섬을 일본에게 어쩔 수 없이 넘겨주었다고 합니다. 그리고 제2차 세계대전에서 일본이 패했으니, 일본이 전쟁을 통해 불합리하게 가져간 영토를 중국에 반환해야 한다는 것이지요. 그런데 아직까지 반환하지 않고 있다는 주장이에요.

그렇다면 일본은 뭐라고 할까요? 1879년 일본은 가장 남쪽에 위치한 오키나와현에 있는 류큐 왕국을 일본의 현으로 포함시켰대요. 그때 주변에 있던 센카쿠 열도가 무인도임을 확인하고, 오키나와현에 포함시켰다고 합니다. 이는 청일 전쟁과는 상관없이 원래부터 자신들의 땅이었으니, 제2차

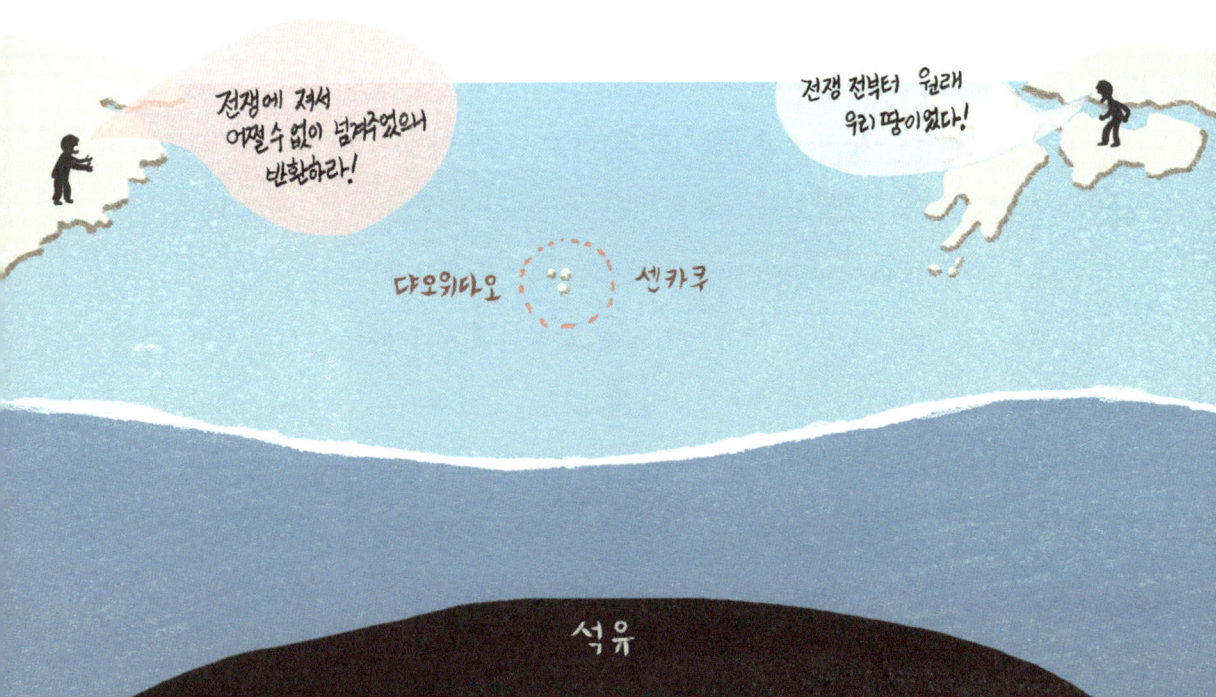

세계대전의 패배로 센카쿠 열도를 다른 나라에 돌려줘야 한다는 주장은 말이 안 된대요. 앞으로도 일본이 점령하고 관리하는 것이 맞다는 얘기지요.

이렇다 보니 중국에서는 댜오위다오(釣魚島, 조어도)라 부르고, 일본에서는 센카쿠 열도(尖閣列島, 첨각 열도)라 부르며 한 장소에 두 개의 이름이 붙게 되었답니다.

이들의 진짜 속내는 무엇일까요?

섬 이름을 뭐라고 부르든 무슨 상관이냐고 할 수도 있어요. 하지만 국제 사회에서 공식적인 이름으로 인정받는다면 그곳에 대한 영향력 또한 높아질 수 있어요. 뉴스에서는 간혹 이 섬 때문에 군사적, 경제적 충돌이 빚어졌다고 보도하기도 해요. 굉장히 큰 섬도 아니고 많은 사람이 살고 있는 것도 아닌데, 두 국가가 이 섬에 집중하는 이유를 알아볼 필요가 있어요. 하나의 섬을 두고 서로 자신의 것이라고 싸우는 진짜 이유는 무엇일까요?

이 작은 섬이 주목받기 시작한 것은 1968년경 유엔 아시아극동 경제위원회가 이 섬 주변 바다에 70억 톤이 넘는 석유가 매장되었다고 발표한 뒤부터라고 할 수 있어요. 섬의 위치 또한 중국과 일본에게는 포기할 수 없는 중요한 위치예요. 미국과 일본 입장에서는 중국 쪽으로 나아가는 태평양의 가장 끝부분에 있는 섬이고, 중국의 입장에서는 동중국해는 물론 태평양으로 나아가는 데 꼭 필요한 위치지요. 중국의 주요 해군 병력이 남중국해로 진출해 자유롭게 활동하기 위해서도 이 섬을 포기할 수 없는 입장이랍니다.

현재 이 지역은 일본의 영토로 실질적인 관리가 이루어져요. 냉전 시대였던 1972년, 미국이 중국을 견제하기 위해 일본에게 센카쿠 열도를 넘겨주었기 때문이에요. 하지만 최근 들어 타이완, 중국, 일본 사이에 센카쿠 열도를 두고 갈등이 불거지고 있어요. 중국의 해경선이 일본의 센카쿠 열도 주변 영해에 한 달 동안 30번 넘게 침범하기도 했고, 현재까지도 꾸준히 센카쿠 열도 주변에 진입하고 있어요. 게다가 일본의 영유권을 인정해 준 미국이 일본을 돕기 위해 군사를 파견할 수 있다고 하면서 일본과 함께 군사 훈련을 하고 있어요. 2021년 중국은 해경법을 제정하고 시행하며 해경의 관할 구역을 강화하고 무기 사용에 대해 힘을 실어 주며 일본을 자극했어요. 이에 일본도 해상 보안청의 무기 사용 권한 확대에 관한 법안을 정비하려는 움직임을 보이면서 긴장감은 여전하답니다.

뜨거운 갈등 속에서도 드넓은 바다를 지키고 있는 무인도의 운명은 과연 어떻게 될까요?

석유의 두 얼굴 — 똑똑한 생각의 고리

석유는 시대에 따라 다양한 모습으로 우리에게 인식되었어요. 과거 석유를 이용할 줄 모르던 시대에는 실크로드를 오가던 상인들에게 끈적끈적하고 잘 떨어지지도 않는 더럽기만 한 '악마의 물'이었어요.

기술의 발달로 어둠에 불을 밝히고, 자동차, 선박, 기관차 등 각종 수송 수단의 연료가 되고, 합성 고무와 합성 섬유 등 석유 화학 공업의 원료로 사용되면서 석유는 검은 금, '블랙골드'로 각광받았답니다.

편재성과 기술의 발달 및 인식의 변화로 석유는 분쟁과 갈등의 중심에 서게 되었어요.

이렇게 생각해 봐요!

석유는 다양한 유기물(식물, 플랑크톤, 미생물 등)이 땅속에서 오랜 시간 열과 압력을 받아 형성돼요. 이런 석유가 만약 전 세계에 골고루 분포한다면 석유를 차지하기 위한 분쟁은 없을 거예요. 하지만 안타깝게도 석유는 주로 신생대 지층에만 많이 분포하고, 사우디아라비아를 중심으로 하는 중동 국가와 미국, 러시아, 중국 등에서만 생산돼요. 이것을 자원의 편재성이라고 하지요. 이 때문에 자원이 남는 곳에서 부족한 곳으로 이동을 하는데, 이동과 분배가 적절하게 잘 진행되지 않으면 갈등과 분쟁이 일어나요.

또 자원의 가치는 시대에 따라 변화해요. 이것을 자원의 가변성이라고 합니다. 기술 발달, 사람의 인식 변화 등에 따라 자원의 가치는 변하지요. 석유를 사용할 줄 모르던 과거의 석유는 자원으로서 가치가 없었지만, 기술의 발달로 석유를 사용하게 되면서 없어서는 안 될 중요한 자원이 되었어요.

자원의 적절한 분배와 가치 변화에 따른 문제를 원만하게 해결하려면 어떻게 해야 할까요? 또 미래에 우리의 인식이 변하고 기술이 더 발달하면 어떤 자원이 분쟁의 중심에 놓이게 될까요?

제3부 분쟁과 갈등으로

어떤 일이 생길까

분쟁과 갈등으로 사람들이 삶의 터전을 잃기도 하고, 가족을 잃기도 하고, 장애를 얻기도 하고, 생활고에 시달리기도 합니다. 위험과 고통을 피해 뿔뿔이 흩어진 사람들이 세계 곳곳에서 사회 문제로 드러나기도 하지요. 특히 사람이 살아가는 데 필요한 의식주 해결이 안 되어 고통을 당하는 사람들이 많아요. 세계를 슬픔에 빠뜨리는 갈등으로 어떤 일이 벌어지는지 알아봅니다.

아직도 굶는 아이들이 있다고요?

　분쟁과 갈등은 단순히 국가 간 혹은 지역 간 문제로만 끝나지 않아요. 그곳에 살던 사람들이 삶의 터전을 잃기도 하고, 가족을 잃기도 하고, 장애를 얻기도 하고, 생활고에 시달리기도 해요. 또한 위험과 고통을 피해 뿔뿔이 흩어진 사람들이 곳곳에서 사회 문제로 드러나기도 합니다. 특히 사람이 살아가는 데 필요한 의식주가 해결되지 않아 고통을 당하는 사람이 많아요. 레바논에 살고 있는 시리아 소녀 리마, 기억하나요? 리마는 시리아의 내전이 끝난 후에도 집으로 돌아가지 못하고 이웃 나라인 레바논 난민촌에서 지내요. 그곳에서는 리마처럼 살던 곳을 잃은 많은 친구들이 굶주림과 영양실조에 시달린답니다. 과연 전 세계에는 굶주리는 친구들이 얼마나 많을까요?

'먹을거리가 없어 굶주리는 상태'를 기아(飢餓, 주릴 기, 주릴 아) 또는 기근(飢饉, 주릴 기, 흉년이 들 근)이라고 해요. 유엔식량농업기구(FAO)에서는 성별, 연령, 신장, 신체 활동 수준에 따라 개인이 건강하고 생산적으로 생활하는 데 필요한 최소한의 열량을 식사에서 섭취하지 못하는 것을 '식량 결핍' 또는 '영양 결핍'이라고 규정했어요. 대략 1,650kcal~2,000kcal 정도는 섭취해야 한다고 해요.

전 세계의 아이들 중 영양 결핍으로 사망하는 수는 3,100만 명 정도예요. 이는 한 해 사망하는 아동 수의 40%를 차지할 정도로 큰 수지요. 영양이 부족하면 빈혈이나 시력 상실, 기형 등이 나타나기도 하고 홍역과 말라리아와 같은 전염병에 쉽게 걸려요. 영양 결핍은 특히 경제 개발이 늦은 나라에서 계속 나타나고 있고, 신체적으로 약한 여성과 어린아이에게 많이 나타납니다.

국제 사회에서는 기아의 심각성을 파악하고, 보다 효과적으로 대책을 마련하기 위해 세계의 기아를 자료화하기로 했어요. 아일랜드의 컨선월드와이드(Concern Worldwide), 독일의 세계기아원조(Welthungerhilfe), 미국의 국제식량정책연구소(IFPRI)가 협력하여 전 세계 나라를 대상으로 기아의 정도를 측정한 뒤, 자료로 만든 것이 '세계기아지수(GHI, Global Hunger Index)'입니다.

세계기아지수는 한 국가의 기아 상태를 0에서 100까지의 수치로 나타내요. '0'은 기아를 겪는 사람이 없는 것으로 가장 좋은 상황이고, '100'은 인구 전체가 기아를 겪는다는 뜻이므로 가장 나쁜 상황이에요. 국제 사회에서는 매년 **세계 식량의 날**을 정하고, 그 전에 발표되는 세계기아지수를 통해 어떤 나라가 기아로 어려움을 겪고 있으며 어느 정도의 도움이 필요한지 파악하고 있어요. 한국에서도 북한의 기아 상황을 파악하기 위해 세계기아지수를 활용하고 있습니다.

> **세계 식량의 날**
> 유엔식량농업기구는 빈곤과 영양실조, 기아 등의 식량 문제에 관심을 갖기 위해 1979년부터 해마다 10월 16일을 '세계 식량의 날'로 정하고, 다양한 행사를 열고 있어요.

지구촌 기아, 왜 생길까요?

지금은 과거에 비해 과학 기술이 발달하고, 그에 따라 경제도 급속히 성장했어요. 오늘도 우리는 스마트폰으로 음악을 듣고, 배달 음식을 시키고, 쉽게 뉴스를 검색할 수 있어요. 게임을 하거나 SNS를 통해 멀리 있는 사람과도 소통할 수 있지요. 음식을 못 먹기보다는 건강과 외모를 위해 음식을 스스로 안 먹기도 합니다. 하지만 지구 반대편의 어떤 사람들은 그날 마실 물과 식량이 부족해서 하루하루를 힘겹게 살아가거나 생명에 위협을 느끼기도 해요.

왜 이런 일들이 생길까요? 기아는 한 가지 이유로 만들어지는 상황이

아니에요. 겉으로 드러나는 원인은 가난이지만, 나라가 가난한 이유에는 불공평한 수입 분배, 무력 충돌과 자원의 부족, 기후 변화 등 여러 가지가 있어요.

먼저 불공평한 분배에 대해 알아볼게요. 지구촌 곳곳에서는 경제 발전을 이루고 부를 쌓은 일부 나라가 그렇지 않은 나라를 대상으로 공정하지 않은 거래를 하고 있어요. 가난한 나라의 노동력을 값싼 임금으로 착취해서 제품을 비싸게 팔면 결국 가난한 나라는 돈을 벌 수 없고, 돈이 없으니

이것만은 콕콕!

노동의 대가는 공정하게, 공정무역

우리가 쉽게 볼 수 있는 초콜릿의 원재료인 카카오는 대부분 아메리카 대륙의 열대 지방과 아프리카에서 생산해요. 그런데 이곳의 노동자는 싼 임금과 싼 원료 때문에 힘들게 생활하고 있어요. 전 세계인이 사랑하는 커피와 초콜릿의 원료를 생산하는데 그들이 경제적으로 어려움을 겪는 것은 불공정한 거래가 이루어지기 때문이에요. 최근 이 문제를 심각하게 생각한 사람들 사이에서는 공정무역으로 생산된 상품을 소비하려는 움직임이 일고 있어요. 이왕 초콜릿을 살 거라면 공정하게 노동의 대가를 지불하고 생산한 제품을 사자는 생각이지요. 공정한 나눔을 위해 앞장서서 힘쓰는 단체들도 있어요.(아름다운커피, www.beautifulcoffee.com) 나의 작은 움직임이 세상을 조금이라도 바꿀 수 있다는 생각, 멋지지 않나요? 내 주변에서도 공정무역 상품을 파는 곳을 찾아 직접 사 보는 건 어떨까요?

필요한 물품도 구입할 수 없어요. 우리가 자주 접하는 커피나 초콜릿 등이 대표적이에요. 실제로 지구촌 전체로 보면 식량의 양은 부족하지 않아요. 어떤 곳에서는 음식이 넘쳐나 비만이 사회적 문제가 되기도 하니까요. 하지만 식품의 가격이 오르고, 이를 살 돈이 없는 사람들에게는 당장 먹을 것이 없는 실정입니다.

또 나라 간 무력 충돌 역시 중요한 원인이에요. 전 세계에서 2억 명에 가까운 사람들이 기아 상태에 있어요. 이 중 90%는 분쟁 지역에 사는 사람과 분쟁 때문에 고향을 떠난 난민이에요. 분쟁 지역에 사는 사람들은 갈 곳을 잃어 난민이 되거나 논밭이 황폐해져 농사를 짓기 어려우니 굶주리게 돼요. 국제 구호 단체에서 지원하려고 해도 식량 공급이 불가능한 곳이 있어요. 격전지라 위험하거나 고립된 지역일 수 있고, 강대국의 압력으로 접근할 수 없기도 하지요.

마지막으로 기후 변화는 현재뿐만 아니라 미래를 결정짓는 문제예요. 인간은 편리함을 위해 에너지를 점차 많이 사용하게 되고, 그 과정에서 이산화탄소의 배출량 또한 점점 늘어났어요. 그러다 보니 지구의 평균 온도가 높아지고 있습니다. 지구촌 곳곳에서는 이상 기후 현상으로 가뭄과 홍수가 증가하고, 농사지을 땅이 사라지고 있어요. 자연재해로 농작물이 피해를 입으니 식량은 부족해지고, 사람들은 살기 적합한 곳으로 옮겨 가거나 굶주리는 상황이 생기게 돼요.

기아의 위험에 처한 나라들

　많은 노력에도 불구하고 지구촌에는 분쟁과 갈등이 끊이지 않고 있어요. 그에 따른 기아의 위험도 해결되지 않고 있지요. 중앙아프리카 공화국은 세계기아지수 53.6으로 세계에서 가장 높아요. '극히 위험' 수준인 유일한 나라지요. 어린이의 절반이 나이에 비해 몸이 작고, 인구의 60%가 영양 결핍 상태라고 해요. 이곳에서는 도대체 무슨 일이 일어나고 있을까요?

　중앙아프리카 공화국은 2012년부터 내전에 휩싸이면서 기아와 영양 부족의 위기를 맞았어요. 인구의 3분의 1가량이 난민이 되거나 고향을 떠나 피난을 갈 수밖에 없는 상황이 되었지요. 그러니 자연스레 기아의 위험이 뒤따를 수밖에 없었어요. 지금도 인구의 절반 이상이 국제 사회의 도움을 필요로 하지만, 안타깝게도 안전 문제를 포함한 많은 어려움이 있어 그들을 충분히 도울 수가 없다고 해요. 2019년에는 정부와 반정부군 사이에 평화협정이 체결되었지만, 협정조차 위태로운 상황이어서 기아와 영양 부족은 더욱 악화되고 있습니다.

　아프리카 대륙의 또 다른 나라 예멘은 세계기아지수 45.9로 중앙아프리카 공화국 다음으로 높은 '위험' 수준이에요. 60% 이상의 아이들이 잘 자라지 못할 정도로 심각하다고 해요. 예멘도 중앙아프리카 공화국처럼 내전과 함께 여러 무력 분쟁을 겪고 있었어요. 2018년 12월에는 무력 분쟁의 당사자들이 스톡홀름 협정에 서명하여 분쟁이 완화되는 듯했지만, 지금까지도 협정의 내용이 완전히 이행되지 않아 여전히 어려운 상황이에요. 전문가들은 국제 사회의 도움을 받지 못한 채 이대로 간다면 예멘의 국민도, 예멘이라는 나라도 사라진다고 예상하고 있어요.

　기아 하면 보통 아프리카를 떠올리지만, 우리의 생각과 달리 지구촌 곳곳에 기아의 위험이 도사리고 있어요. 먼저 한국이 속한 아시아부터 살펴볼게요. 2019년을 기준으로 보면 아시아가 아프리카보다 세계기아지수가 높다고 해요. 참 이상하죠? 우리는 학교에서 무상으로 급식을 먹을 수 있고, 먹고 싶은 음식은 언제 어디서든 사 먹을 수 있는데 왜 이런 결과가 나왔을까요? 한국을 포함한 주변국에 사는 많은 사람들이 음식 걱정 없이 풍요롭게 살아요. 하지만 남아시아 몇몇 국가의 상황은 우리와 많이 달라요. 그래서 지역 평균을 내면 아시아의 기아지수가 아프리카보다 더 높게 나타나기도 해요. 미얀마는 남아시아에 속해요. 미얀마의 소수 민족인 로힝야족은 민족 간의 갈등으로 정부의 탄압을 받았어요. 이 과정에서 농경, 어로, 산림, 무역, 노동 등 먹을거리를 구하기 위한 모든 활동이 어려워졌어요. 이 사실을 알게 된 국제 사회에서 식량을 지원하려 했지만, 이마저도 미얀마 정부가 막는 바람에 차단되었지요. 결국 로힝야족은 아이나 어른 할 것 없이 심각한 기아의 위험에 처한 상황이에요. 2017년에는 로힝야족 70만 명이 이웃 나라인 방글라데시로 강제 피난을 갔어요. 하지만 그곳 상황도 좋지는 않았어요. 방글라데시 난민 캠프에서는 많은 어린이와 여성이 뼈와 가죽만 남을 정도의 심각한 영양실조에 시달리고 있답니다.

기아 문제, 어떻게 해결해야 할까요?

분쟁과 기아는 떼려야 뗄 수 없는 관계예요. 분쟁의 영향으로 기아가 그들의 삶을 위협하는 요인이 되기도 하지만, 때로는 기아 때문에 분쟁이 생기기도 하니까요.

분쟁이 일어나면 사람들은 이동이 힘들 뿐만 아니라 시장과 경작지, 일

나도 세계의 기아 문제를 해결해요!

'기아' 문제는 전 세계인이 관심을 갖고 함께 해결해야 할 문제예요. 작은 힘이지만 문제를 해결하는 데 참여할 수 있는 방법을 소개할게요. 조금만 관심을 갖고 살펴보면 세계의 기아 문제를 해결하기 위해 다양한 구호 단체가 운영되고 있다는 것을 알 수 있어요. 보통 후원금을 받아 분쟁이나 전쟁 등으로 고통받고 있는 난민에게 구호 물품을 보내거나 의료 지원, 교육 지원 등을 하고 있지요. 홈페이지를 이용해 단체의 성격이나 지원 프로그램을 확인해 보고, 내가 함께할 수 있는 일을 찾아보면 어떨까요?

월드비전 www.worldvision.or.kr
빈곤 지역의 개발 사업과 분쟁 지역의 긴급 구호 사업 등을 하는 국제 구호 개발 기구입니다.

유엔난민기구 www.unhcr.or.kr
유엔에 소속되어 있는 국제기구로, 주로 난민을 보호하고 지원하는 일을 합니다.

자리가 사라지게 돼요. 만약 식량을 사는 데 필요한 소득을 얻지 못하면 영양 상태는 더욱 나빠지겠지요. 운이 좋으면 안전한 곳으로 피할 때까지 재산의 상당 부분을 지킬 수 있고, 기아로부터 자유로울 수도 있어요. 하지만 모두가 이런 행운을 얻는 것은 아니에요. 고향을 떠나기 위해 집을 나서려면 대부분을 버려야 하니까요. 여러 번 이동해야 하는 경우에는 생계와 식량의 안정성이 점점 나빠져요. 언제 떠나야 하는지 예측하는 것도

유니세프 www.unicef.or.kr
국적이나 이념, 종교 등의 차별 없이 어린이를 구호하기 위해 설립된 국제연합의 상설 보조 기관입니다. 1946년 제2차 세계대전으로 기아와 질병에 시달리는 아동을 구제하기 위해 '유엔 국제 아동 긴급구호기금'이라는 명칭으로 시작했습니다.

세이브더칠드런 www.sc.or.kr
전 세계의 빈곤 아동을 돕는 국제 비정부 기구(NGO)로 정기 후원, 결연 후원 등을 통해 후원자를 모집하고 이를 바탕으로 보건 의료, 빈곤 아동 지원, 아동 보호, 교육 지원 등 다양한 어린이 구호 사업을 합니다.

초록우산 어린이재단 www.childfund.or.kr
1950년 한국 전쟁 때 전쟁고아 구호 사업에 집중한 이후 현재에 이르기까지 국내외 아동 복지 사업, 모금 사업, 연구 조사 등을 폭넓게 하고 있습니다.

힘들기 때문에 같은 상황이라도 서로 다른 결정을 내릴 수 있어요. 따라서 국제 사회에서는 다양한 상황에 놓인 기아 문제를 해결하기 위해 많은 노력을 한답니다.

유엔식량농업기구는 긴급 구호를 위해 비상식량을 비축하고 있어요. 이 식량은 유엔세계식량계획(WFP)에 의해 배급되고 관리돼요. 유엔세계식량계획은 굶주리는 사람들에게 식량을 나눠 주고 재해나 분쟁이 발생한 지역의 구호 작업을 합니다. 또 기아 발생을 예방하기 위한 다양한 활동도 해요. 학생들에게 학교 급식을 통해 먹을 것을 제공한다든가, 사람들이 일자리를 얻을 수 있도록 훈련을 도와주고 대가로 음식을 제공하는 '푸드 포 트레이닝(Food for Training)', 노동력의 대가로 식량을 나눠 주는 '푸드 포 애셋(Food for Assets)' 등의 프로그램을 운영하지요. 활동에 필요한 대부분의 자금은 세계 각 나라에서 걷은 기부금과 성금을 통해 마련한다고 해요.

이렇게 국제 사회가 식량 공급 활동을 열심히 해도 기반 시설이 마련되지 않으면 상황은 더 나아지지 않아요. 필요할 때마다 식량을 지원하는 것보다 직접 식량을 생산해 낼 수 있으면 더 좋아지겠지요.

아프리카의 많은 나라들은 자본, 도로, 적당한 종자, 비축 식량, 농경 전문 지식 등 모든 것이 부족해요. 그래서 곡물 생산량도 다른 나라에 비해 3분의 1 수준으로 낮아요. 이들에게 가장 시급하게 필요한 것은 무엇일까요? 새로운 종류의 씨앗, 제방, 물, 그리고 사막화가 되지 않도록 삼림을 조성하는 일이에요. 넓은 땅에 이러한 기반 시설이 마련되면 스스로 식량을 재배할 수 있게 되어 기아 문제가 많은 부분 해결될 거예요. 따라서 국제 사회에서는 그들에게 식량뿐만 아니라 시설과 기술을 지원하려는 노력을 합니다.

이처럼 지원과 구호 활동은 어느 한 사람의 노력으로 이루어질 수 없어요. 그들의 어려움을 알아보고 원인을 찾고, 다양한 해결 방법을 함께 고민하고 행동해야 하지요. 이것이 바로 우리 모두의 지속적인 관심과 노력이 필요한 이유입니다.

전쟁터로 내몰린 아이들

3월 어느 날 오전 9시, 시험 날이었어요. 종이 울리고 시험을 마친 아이들은 학교 운동장으로 나왔어요. 곧 미사일 두 발이 떨어져 교무실과 학교 정문을 산산조각 냈어요. 저는 오른손을 잃었어도 살았지만, 선생님 3명과 친구들 5명이 죽고, 50명이 심하게 다쳤어요. 이제 더 이상 학교도 갈 수 없어요. 가족과 지낼 곳도 없어요.

시리아 북부에 사는 칼리드의 이야기예요. 천 일 동안 1만 5천 번 폭격이 떨어진 예멘에서도 같은 일이 일어나요. 폭탄은 학교, 난민 캠프, 병원,

민간 거주 지역을 가리지 않으니까요. 운이 좋아서 폭탄에 맞지 않는다고 해도 살아갈 집이나 돈을 구할 수는 없는 상황이에요.

전 세계 어린이 6명 중에 1명이 어른이 벌인 전쟁 때문에 고통받고 있어요. 전쟁은 모든 아동의 권리인 생명권, 가족과 함께할 권리, 건강할 권리, 개인 계발 및 보호받을 권리를 침해합니다. 분쟁 지역의 아이들은 전쟁터로 내몰리거나, 무장 단체 또는 성매매 등에 이용되기도 해요. 상황을 피해 난민촌으로 떠나온 아이들에게는 식량, 피난처, 의료 시설뿐만 아니라 우리가 당연하게 받고 있는 교육의 기회도 쉽게 주어지지 않아요.

최근 국제연합에서는 2015년 이후 예멘에서 2천 명이 넘는 어린이가 소년병으로 징집되었다고 밝혔어요. 14세 소년 압둘 파테는 하굣길에 무장 트럭을 몰고 온 반정부군에게 잡혀갔어요. 이들은 트럭 뒤에 이미 타고 있던 소년들에게 동참하지 않으면 집을 공격하겠다고 위협했고, 압둘과 친구들은 트럭에 올라타야 했다고 해요. 압둘은 싸우기 싫다고 말했지만 소용이 없었어요. 결국 탄약을 찾아 운반하는 일에 투입되었지요. 나중에 압둘은 타고 있던 트럭이 포격당해 가까스로 탈출을 할 수 있었지만, 끌려간 대부분의 소년은 내전 중에 죽거나 다치는 상황이에요.

국제연합에서는 이 같은 상황을 막기 위해 소년병금지조약을 체결했어요. 2002년 2월 12일부터 '징병이나 무력 전투에 직접 참전하는 경우 최소 18세 이상의 사람들만 가능하다'는 내용을 담고 있는 유엔 조약의 효력이 발효됨에 따라 소년병 징집은 불법이에요. 국제연합은 소년병을 징집하는

2월 12일 세계 소년병 반대의 날
집을 공격하겠다는 협박에 탄약을 날라야 했던 압둘
석방된 남수단의 소년병 중 12%는 여자아이
ⓒ 연합뉴스 제공
이들은 군인이 아니라 어린이입니다!

정부와 무력 단체의 목록을 매년 작성해서 발표하고, 무력 봉쇄, 자산 동결, 여행 제한과 같은 방법으로 소년병을 징집하는 국가에 압력을 가하고 있어요. 국제 인권 단체인 앰네스티나 유니세프에서는 여전히 소년병을 징집하고 있는 상황을 국제 사회에 알리고, 재활 프로그램을 통해 소년병이 가족의 품으로 돌아갈 수 있도록 돕고 있습니다.

여성을 성 노예로 전락시키는 전쟁

여성 또한 분쟁과 갈등으로 인권이 짓밟히고 있어요. 전쟁이나 분쟁 지역이 아니더라도 풍습이나 종교를 이유로 여성을 차별하거나 학대하는 경우도 있어요.

1932년부터 제2차 세계대전이 끝날 때까지 20만 명에 달하는 여성이 전쟁 중 성 노예로 학대를 받았다고 해요. 대다수가 20세 이하였고, 12세 소녀도 있었어요. 한국에서는 1991년 8월 14일 고(故) 김학순 할머니의 용기 있는 증언으로 일본군이 '위안부'라는 성 노예 제도를 시행했다는 사실이 밝혀졌어요. 할머니는 법정에서 일본군이 전쟁 범죄, 반인도적 범죄를 금지하는 규정을 위반했다고 지적했어요. 하지만 많은 피해자들이 생을 마감한 지금도 그들의 사과와 배상은 이루어지지 않았답니다.

남수단에서는 내전이 시작된 후, 출신 민족이 다르다는 이유로 수천 명의 여성이 군인들에게 잔인하게 성폭력을 당하고 살해당했어요. 그중에는 어린이도 1,130명이나 된다고 해요. 수많은 여성과 아동 피해자들은 지금까지도 말할 수 없는 신체적·정신적 고통과 사회적 낙인 때문에 고통을 겪으며 제대로 된 치료도 받지 못하고 힘겹게 살아가고 있어요.

이외에도 의식이나 종교를 이유로 여성의 인권이 짓밟히는 경우가 있어요. 소말리아나 에티오피아 등 중북부 아프리카에서는 대다수 미혼 여성이 할례 때문에 고통을 받아요. 시술의 70% 이상이 마취제도 사용하지 않고 비위생적인 환경에서 이루어져요. 그들은 결국 과다 출혈, 패혈증, 정신적 충격 등으로 목숨을 잃기도 합니다. 이 때문에 국제 사회에서는 할례를 난민조약이 규정하는 '박해'로 인정하고, 세계 각국이 망명 허용의 근거로 받아들여 줄 것을 요구했어요. 스웨덴과 미국은 할례 당할 위험에 처한 여성의 망명을 허용하기로 결정했고요.

이뿐만이 아니에요. 아프리카 중남부의 니제르에서는 15세 소녀의 절반 이상이 이미 결혼을 한 상태예요. 이렇게 결혼 적령기가 되지 않은 어린아이가 일찍 결혼하는 일을 조혼이라고 해요. 조혼은 대부분 남성이 신부 집에 주는 지참금을 받기 위해서거나 종교적 관습을 지키기 위해 부모의 강요로 이루어져요. 난민 신분을 벗어나기 위해서 이루어지기도 하고요. 조혼을 한 아동과 청소년은 교육받을 기회를 잃거나 가정 내 폭력에 희생되기 쉬워요. 중앙아프리카 공화국에서 발생한 분쟁으로 난민이 된 사디아는 중학교 1학년 나이에 스무 살 많은 남편과 결혼했어요.

남편은 결혼 첫날 제일 먼저 교과서를 찢어 불태웠어요. 집안일을 못하면 대나무로 맞아요. 돌로 때리겠다고 위협할 때도 있어요. 가족에게 돌아가고 싶고 공부도 하고 싶지만 방법이 없어요.

난민 소녀 사디아에게 결혼 생활은 끔찍했어요. 조혼의 문제는 이뿐만이 아니에요. 이른 나이에 임신을 하는 경우 산모와 태어날 아기의 건강이 위험해질 수도 있어요. 실제로 조기 출산 합병증으로 매년 15~19세 청소년들 7만 명가량이 사망하며, 18세 미만인 산모의 아기는 19세 이상인 산모의 아기보다 1년 안에 사망할 가능성이 무려 60%나 높답니다.

이것만은 콕콕!

인권을 지키는 세계의 활동

국제 사회에서는 상대적으로 존중받지 못하는 여성, 아동, 성소수자, 난민 등 사회적 약자들의 인권을 보호하기 위한 여러 단체가 조직되어 운영되고 있어요. 그들은 캠페인, 온라인 액션, 인권 교육 등의 다양한 활동을 통해 인권을 보호하는 일에 앞장서고 있답니다. 대표적인 단체로는 국제앰네스티(Amnesty International), 국경없는 기자회(Reporters Without Borders), 휴먼 라이츠 워치(Human Rights Watch, HRW)가 있으며, 우리나라에서는 국제앰네스티 한국 지부(https://amnesty.or.kr)가 활동을 하고 있어요.

난민, 갈 곳 없는 사람들

떠날 수밖에 없는 사람들

제 이름은 루렌도예요. 아프리카 앙골라에 살았어요. 저는 어렸을 때 가족이 앙골라 내전을 피해 콩고에 갔다가 왔다는 사실 때문에 앙골라 정부로부터 핍박을 받으며 절망적으로 살았어요.
하루는 제가 몰던 택시가 경찰차와 부딪혔다는 이유로 감금과 고문을 당하기도 했고, 제 아내가 경찰에게 성폭행을 당한 일도 있었어요. 어느 날 '한국은 인권이 보장되고 망명을 받아 주는 나라'라는 이야기를 듣고 아내와 아홉 살, 일곱 살 쌍둥이, 여섯 살 아이들 4명을 데리고 무작정 앙골라를 떠났어요. 그곳

에 가면 직업도 갖고, 우리 가족의 삶이 나아질 것이라는 희망을 안고 비행기를 탔지요. 2018년 12월에 입국해서 난민 심사를 신청했지만, 기대와는 달리 심사받을 기회조차 없어서 인천공항에서 지내고 있어요. 의자에서 잠을 자고, 화장실에서 씻고, 시리얼과 가루우유로 식사를 때우긴 하지만 언제까지 이럴 수 있을지 모르겠어요. 이미 돈은 다 떨어졌고 아파도 병원에 갈 수가 없어요. 저희 부부는 어른이니까 괜찮지만, 아이들이 걱정이에요. 언젠가 공항 밖으로 나갈 수 있게 되면 아이들이 이 시간을 소풍처럼 기억해 주길 바라는 마음뿐입니다.

2018년 12월에 입국한 루렌도 아저씨의 가족은 난민 심사를 받지 못해 287일 동안 인천공항에서 지내다가 2019년 10월 11일 서울고등법원에서 '난민 심사를 받을 기회를 주어야 한다.'는 판결을 받고 입국할 수 있게 되었어요. 우여곡절 끝에 루렌도 가족은 난민으로 인정받을 수 있었어요. 하지만 여전히 공항에는 난민 심사를 기다리는 사람들이 있습니다. 사람들의 관심을 받지 못한 채 말이에요.

우리가 사는 지구촌에는 루렌도 가족처럼 자신의 의지와는 상관없이 고향을 떠나는 사람들이 많아요. 이들은 자신과 가족의 안전한 삶을 위해서 분쟁, 폭력, 자연재해 또는 인재를 피해 집과 고향을 떠나도록 내몰리는 상황이에요. 2018년 유엔난민기구(UNHCR)에서 조사한 자료에 따르면

전 세계에 7,479만 명 정도가 국내의 다른 지역으로 이주하거나 국경을 넘는 과정에서 보호가 필요한 상황이라고 해요. 얼마나 많은 사람들이 이주민이 되었는지 상상할 수 있나요?

현재 우리나라의 인구수는 5천만 명 정도예요. 다시 말하면 우리나라 인구보다 훨씬 더 많은 수의 사람들이 집을 잃었고, 그중에서 우리나라 인구의 절반에 해당하는 2,540만 명이 국경을 넘어 다른 나라로 이주해야만 했어요. 국제 사회에서는 이를 '난민'이라고 부르고, 그들을 도울 방법을 함께 고민하고 있어요. 난민의 사전적 의미는 '전쟁이나 재난 따위를 당하여 곤경에 빠진 백성'이에요. 1951년에 난민의 지위에 관한 협약에서는 난민을 다음과 같이 정의하기로 했어요.

> '인종, 종교, 국적 또는 특정 사회 집단의 구성원 신분 또는 정치적 견해 등을 이유로 박해를 받을 우려가 있다는 충분한 근거 있는 공포로 인하여 자신의 국적국 밖에 있는 자로서, 국적국의 보호를 받을 수 없거나 또는 그러한 공포로 인하여 국적국의 보호를 받는 것을 원하지 아니하는 자'를 의미한다.
>
> －1951년 난민의 지위에 관한 협약

난민은 여러 가지 이유로 목숨이 위태롭거나 일상생활을 유지할 수 없을 만큼 위험한 상황을 피해 자기 나라가 아닌 곳에 있는 사람을 뜻해요.

자기 나라의 보호를 받을 수 없거나 오히려 자기 나라가 위협을 가하기 때문에 보호 자체를 원하지 않는 사람이지요.

난민은 언제부터 생겼을까요?

갈등과 분쟁, 전쟁이 발생하게 되면 국가나 고향을 버리고 떠날 수밖에 없는 사람들이 생겨요. 따라서 난민의 역사는 협약에서 난민에 대한 규정을 만들기 훨씬 전, 갈등과 분쟁이 일어난 것과 동시에 시작되었다고 볼 수 있어요. 시간이 흐를수록 고향과 집을 잃은 사람의 수가 점점 늘어나니, 이에 책임을 느낀 국제 사회가 도울 대상을 명확하게 하기 위해 난민의 지위에 관한 협약을 통해 '난민'을 정의했어요.

20세기에 들어와서는 러시아 혁명이 일어난 기간에 150만 명 정도의 사람들이 러시아를 떠난 일이 있었어요. 1934년에 독일에 나치 정권이 수립된 후에는 유대인을 비롯한 나치의 피해자 250만 명의 사람들이 독일을 떠나 세계 각지로 흩어졌지요. 그들은 생명의 위협을 피해 태어나고 자란 곳에서 떠날 수밖에 없었어요. 지금으로부터 불과 100년도 안 된 일들이에요. 제2차 세계대전이 끝난 뒤에는 1947년 인도의 분열과 파키스탄의 분열, 1948년의 팔레스타인 전쟁, 1975년에는 캄보디아와 라오스 및 베트남 등지에서 보트나 어선을 타고 탈출해서 '보트 피플'로 불리는 인도차이나 난민도 있었어요. 1998년부터 시작된 코소보에 대한 세르비아군의 인종 청소 때에는 78만 명에 달하는 주민이 학살을 피해 국외로 탈출하는 일이 있었지요. 시간이 지난 지금도 세계 갈등은 끊이지 않고, 그 결과 자신의 안전을 위해 집을 떠나는 난민들의 강제 이주는 계속되고 있어요.

강제 이주는 단순히 한 가지 이유 때문이 아니라 여러 요인이 얽히고설킨 결과예요. 특히 기아 문제는 강제 이주 과정에서 대표적으로 나타나는 현상이지요. 수많은 난민의 삶을 지속적으로 위협하는 기아는 이주 시기와 목적지를 선정하는 문제에까지 영향을 끼친답니다.

유럽으로 가는 난민들

2015년 9월 4일, 전 세계가 한 장의 사진으로 슬픔에 잠기게 되었어요. 난민을 태우고 시리아를 떠나 유럽으로 향하던 배가 뒤집혀서 배에 탔던 아이가 바닷가에서 시신으로 발견된 사진이에요. 사진 속 아이는 겨우 세 살밖에 되지 않은 시리아의 아일란 쿠르디였어요. 사진이 공개되면서 유럽으로 향하는 난민의 비극이 전 세계에 알려졌고, 많은 사람들이 난민 문제에 관심을 갖기 시작했어요. 결국 유럽 전체의 난민 정책도 많은 부분 바뀌게 되었지요.

중동 및 아프리카 지역에서 발생한 군사 분쟁 때문에 난민을 포함하여

시리아 꼬마 아일란의 죽음에 응답하라!
유럽행 열차에 몸을 실은 지중해의 난민들
난민, 지구촌이 함께 책임을 나눠야 할 때

ⓒ 연합뉴스 제공

보호가 필요한 사람의 수는 2018년 기준으로 1,499만 명 정도라고 해요. 이들 중 절반 이상은 자기 나라의 다른 도시로 강제 이주를 한 사람이에요. 자기 나라의 보호를 받기 어렵거나 안전에 위협을 받은 나머지 사람들은 걸어가거나 기차, 또는 작은 배를 타고 지중해를 건너 유럽 대륙으로 이동하게 되지요. 그 과정에서 풍랑에 배가 뒤집히거나 기차에서 떨어져 목숨을 잃기도 합니다.

  힘들게 유럽에 도착하더라도 입국까지는 또 다른 어려움이 뒤따르게 돼요. 서유럽의 여러 국가에서 난민에 대한 찬반 여론이 팽팽히 맞서고 있기 때문이에요. 난민이 증가하면 이를 지원하기 위해 많은 돈이 필요할 뿐만 아니라, 일자리가 감소하고 치안이 나빠질 수 있다는 생각에서지요. 따라서 유럽연합은 난민이라고 하는 큰 문제와 부담을 함께 나누기 위해 '더블린 조약'을 체결했어요. 난민이 첫발을 디딘 나라에 난민 신청을 하고, 해당 국가가 처리하는 것을 원칙으로 한다는 내용이에요. 조약의 내용이 불공평하다며 비판하는 나라도 있지만, 많은 나라들이 난민의 어려움을 이해하고 그들을 돕기 위해 노력하고 있어요.

  시리아 국적을 가진 350만 명의 난민을 받아들인 튀르키예는 여전히 가장 많은 난민을 수용하고 있고, 레바논은 자국 인구 대비 가장 많은 난민을 수용한 나라예요. 인구 천만 명이 채 되지 않는 스웨덴은 2015년에 16만 3천여 명의 망명 신청자를 받아 유럽연합 회원국 중에서는 인구 대비 가장 높은 수치를 기록했어요.

독일은 난민 수용에 가장 적극적으로 협조하는 나라로 알려져 있습니다. 2015년 유럽으로 향한 100만 명이 넘는 난민 중 89만 명으로부터 난민 신청을 받았고, 매년 최대 20만 명 정도의 난민을 추가로 받아들이기로

난민을 위한 조약, 난민을 만드는 조약

더블린 조약은 유럽으로 들어오는 난민을 어떻게 할 것인가에 대한 원칙을 정한 조약이에요. 1990년 아일랜드 더블린에서 벨기에, 독일, 프랑스, 영국, 그리스, 이탈리아, 아일랜드 등 유럽연합(EU) 12개국이 '더블린 회의'에 서명하면서 처음 시작되었어요. 그리고 1997년부터 시행되었지요. 이 조약에서는 난민이 첫발을 디딘 나라에 난민 신청을 하고 해당 국가가 처리하는 것을 원칙으로 해요. 난민이 여러 나라에 무작위로 난민 신청을 하는 것을 방지하기 위해서지요. 하지만 이탈리아·그리스·헝가리와 같이 다른 대륙과 접한 국경을 가진 나라에서는 비판하는 목소리도 나왔어요. 유럽 중앙에 위치한 나라들에 비해 난민이 먼저 도착하기 쉬운 나라이기 때문에 난민에 대한 막중한 책임이 부과된다는 것이죠. 이 점이 현실적인 문제로 드러나면서 그 피해는 고스란히 난민에게 돌아갔어요. 유럽 외곽에 있는 몇몇 국가에서 난민의 입국을 막기 위한 철조망 설치나 절차를 고의적으로 늦춰 난민들이 다른 곳으로 가도록 유도하기도 했어요. 조약의 취지는 난민 심사를 효율적으로 하고 유럽의 국가들이 난민 보호 책임을 회피할 수 없게 하기 위해서예요. 하지만 결과적으로 또 다른 난민을 만들게 되었어요. 조약의 개정에 대해 찬반 의견이 분분한 지금, 난민에게 실질적으로 도움이 되면서도 여러 국가가 동등하게 책임을 나눌 수 있는 방법을 고민해야 할 때예요.

했어요. 특히 2020년 3월 코로나19 때문에 여행 금지 조치가 있기 전까지 튀르키예와 레바논의 난민 수용소에서 매년 5천 명을 데려오고 있었어요. 독일의 난민 수용에 대한 적극적인 태도는 다른 유럽 국가에도 많은 귀감이 되었답니다.

대한민국으로 오는 난민들

대한민국은 어떨까요? 난민 문제에 있어서는 한국도 예외가 아니에요. 2018년에 500명이 넘는 예멘 사람들이 제주도로 입국해 난민 신청을 한 일이 있었어요. 아라비아반도 끝에 있는 예멘은 종파 갈등으로 시작된 내전이 3년 넘게 지속되고 있는 나라예요. 내전을 피해 예멘을 떠난 난민이 비자 없이 90일간 체류가 가능한 말레이시아로 탈출했다가 체류 기한 연장이 어렵게 되자, 비자 없이 입국이 가능한 제주도를 선택한 것이지요. 대한민국 난민법에 따르면 제주도는 비자 없이 30일 체류가 가능하며, 이후 난민 신청을 하면 수개월 걸리는 심사 기간 동안 체류할 수 있는 외국인등록증을 발급해 주고 있어요. 난민법이란 난민의 권리를 보장하고 난민 신청자와 난민으로 인정받은 자의 처우를 개선하기 위해 만든 국내법이에요. 한국은 아시아 최초로 난민법을 제정한 나라이기도 해요.

한국은 1970년대에 베트남 피난민을 수용하고, 1992년 12월 3일 난민의

정서에 가입한 후 거의 10년이 지난 2001년에야 처음으로 난민을 인정했어요. 그 후 2006년부터는 난민법 제정을 위한 노력이 시작되어 2013년 7월 1일부터는 난민법이 본격적으로 실시되었지요.

제주도에 입국한 예멘 사람들은 그 후 어떻게 되었을까요? 갑작스러운 예멘 사람들의 제주도 입국을 계기로 우리 사회에서도 난민 문제에 대해 관심을 갖게 되었어요. 난민 수용에 대한 찬성과 반대 입장이 팽팽히 맞서면서 전 국민적인 논쟁거리도 되었지요. 결국 법무부에서는 2018년 4월 30일자로 제주도에서 육지로 빠져나가는 것을 막는 출도(出道) 제한 조치를 취했어요. 그리고 6월 1일자로 무사증(무비자) 입국 불허 조치를 내리면서 추가적인 예멘 난민의 입국은 중단되었답니다. 2018년 제주도에 들어온 예멘 사람들 중 난민 신청을 한 사람의 수는 484명이에요. 그중 2명만 난민으로 인정되고 412명이 잠시 동안 체류 허가를 받았으며, 나머지는 난민으로 인정받지 못해 다시 떠나게 되었어요. 그들은 어디로 가야 할까요?

한국에서 난민법으로 난민이 인정되는 비율은 다른 나라에 비해 현저히 낮아요. 유엔난민기구에 따르면 전 세계 난민 인정률이 평균 24.1%인데 비해 한국은 2%가 채 되지 않습니다.

한국의 난민 인정률이 이렇게 낮은 이유는 무엇일까요? 이유는 크게 두 가지로 볼 수 있어요.

먼저 대한민국 난민법에서는 '본국에서 국적, 인종, 종교, 특정 사회 집단 구성원 신분, 정치적 의견으로 인한 박해를 당할 우려가 있는 사람'만을 난민으로 인정하고 있어요. 이 정의에 따르면 내전을 피해 나온 세 살짜리 아이 쿠르디도 난민이 아니에요.

두 번째 이유는 신청 절차가 어렵고 복잡하기 때문이에요. 난민 신청을 하게 되면 법무부와 법원에서는 그들이 본국으로 돌아갔을 때 박해 가능성이 있는지 증명하는 증거를 요청해요. 하지만 서둘러 도망쳐 나온 사람들이라 모든 증거를 가지고 나오기는 쉽지 않겠지요. 따라서 신청자의 진술을 듣는 인터뷰가 필요한데, 우리나라의 난민 심사관 수가 매우 적어서

이것만은 콕콕!

난민을 위한 노력, 난민의정서

난민 문제를 해결하기 위해 지구촌은 하나가 되어 함께 노력하고 있어요. 그 결과가 바로 난민의정서, 즉 난민의 지위에 관한 의정서라고 할 수 있지요. 1951년 작성한 '난민의 지위에 관한 협약'의 내용을 보완해 1967년에 만들어졌어요. 난민의 권리 보호를 위한 난민 의정서의 내용을 잠깐 살펴볼게요.

이 의정서는 난민 비호국(특정 나라나 집단을 감싸고 보호해 주는 나라.)에서의 각종 생활 영역에서 (난민의) 권리를 정함과 동시에 일련의 행정 조치로서 본국을 대신하여 신분 증명서, 여행증명서 등의 교부, 이동의 자유, 재산 이전의 자유 등을 규정한다. 특히 체약국은 난민을 적극적으로 받아들일 의무를 지는 것은 아니지만 아무리 불법 입국한 난민일지라도 지체 없이 당국에 출두하여 그 이유를 제시한 자에 대해서는 불법 입국·불법 체재를 이유로 형벌을 가해서는 안 되고(제31조), 추방에 관해서는 더욱 적극

대기 시간이 오래 걸린다고 해요. 그 외에 인정 신청과 인정 심사, 이의 신청 등의 과정에서 심사 결과를 기다리는 동안 안정적으로 머물 곳이 없거나, 취업이 금지되어 있기 때문에 먹고사는 것이 막막할 수밖에 없어요.

따라서 난민 인정 결정을 6개월 안에 해야 한다는 주장도 있어요. 최근 유럽의 여러 나라들도 난민을 적극적으로 수용하기 위해 난민협약보다 더 관대한 기준을 적용하기로 했어요. 우리 역시 그들의 인권을 존중하고 권리를 보장하기 위해 더 많은 관심과 노력이 필요하지 않을까요?

적으로 국가의 안전 또는 공공의 질서를 이유로 하는 경우를 제외하고 합법적으로 체류하는 난민을 추방하지 않고(제32조), 박해의 우려가 있는 영역의 국경으로 난민을 추방·송환해서는 안 된다(농 르풀르망 원칙 제33조).

난민의정서 전에 만들어진 난민의 지위에 관한 협약 제1장 1조에서 인정되는 "난민"이라는 용어는 '1951년 1월 1일 이전에 유럽에서 발생한 사건' 또는 '1951년 1월 1일 이전에 유럽 또는 기타 지역에서 발생한 사건'에 적용되는 것으로 해석이 돼요. 이를 보완하기 위해 국제연합에서는 유럽으로 국한된 범위와 1951년 1월 1일 전에 발생한 난민에게만 적용한다는 시간적 제한을 빼고, 같은 내용을 적용할 수 있도록 "난민의 지위에 관한 의정서"를 작성해서 발효했답니다. 현재는 난민협약과 난민의정서를 합하여 통상적으로 국제난민조약이라고 칭하기도 합니다.

난민을 보호하기 위한 지구촌의 움직임

전 세계적으로 난민 문제가 심각했을 때마다 국제 사회에서는 여러 가지 방법으로 그들의 구출과 원조에 나섰던 경험이 있어요.

20세기 초 러시아 혁명으로 난민이 발생했을 때 국제연맹(국제연합 이전 국제평화기구)에서는 노르웨이의 탐험가 난센을 난민 구제 판무관으로 임명하여 난민에게 외국에서 거주할 수 있는 신분증명서를 발급했고, 1939년에는 국제연맹에 독일난민고등판무관사무소를 두어 난민 보호에 나섰어요.

그 뒤 국제연합은 임시 기구인 국제난민기구를 설치하여 제2차 세계대전 때 피해를 당한 난민과 정치적 추방자의 보호와 구제를 위해 난민을 자유의사에 따라 원하는 나라에 정착시키는 임무를 담당했어요. 하지만 제2차 세계대전 후에도 난민이 계속 발생하자 그들의 인권과 기본적 자유를 보장하고 보호를 확대하기 위해 유엔난민고등판무관사무소, 즉 유엔난민기구를 설치했어요. 뒤이어 '난민의 지위에 관한 협약'이 채택되고, 1954년 4월 22일에 효력이 발생했어요.

이 협약은 유럽으로 지역을 한정하고 1951년 1월 1일 전에 발생한 난민에게만 적용한다고 해석될 가능성이 있었어요. 때문에 지역과 시간을 한정하지 않고 적용할 수 있도록 '난민의 지위에 관한 의정서'의 형태로 1967년 10월 4일부터 효력을 발휘했지요. 한국에서는 조금 늦은 1992년 12월 3일에 가입했어요. 지금도 우리를 포함한 140여 개 가입국은 난민 문제에 관해 고민하고 그들을 도울 방안을 찾고 있어요.

유엔난민기구에서는 난민에 대한 관심을 높이기 위해 2001년부터 매년 6월 20일을 '세계 난민의 날'로 지정해 기념하고 있어요. 또 시리아, 로힝야족, 아프리카 난민을 위한 난민 캠프를 곳곳에 운영하고, 난민 수용소에서 의료, 학교, 의식주를 지원하는 등 많은 활동을 해요. 이처럼 국제 사회의 노력은 과거부터 현재까지 계속되고 있답니다.

난민은 다른 나라의 문제가 아니에요. 예전에 한국에도 전쟁을 피해 다른 나라로 이주한 국민이 있었고, 그들 역시 국제연합이나 다른 나라의 도움을 받았어요. 가까운 북한은 지금도 정치적·사회적 이유로 목숨 걸고 다른 나라로 탈출하려는 사람들이 있지요. 앞으로는 어떨까요? 갈등과 분쟁이 있는 한 떠나야 하는 사람들은 계속 존재해요. 게다가 지진이나 홍수 같은 자연재해 외에 기후 변화가 새로운 원인이 될 것이라고 보고 있어요. 이 문제에서는 한국도 더 이상 예외가 될 수 없어요. 지구촌 전체가 난민 문제에 관심을 갖고 적극적으로 도와야 하는 이유이기도 합니다.

학교를 잃은 아이들

똑똑한 생각의 고리

이렇게 생각해 봐요!

분쟁 지역이나 난민 캠프에서 생활하는 아이들은 배움의 기회를 잃었어요. 이미 학교가 사라졌거나 그곳을 떠나왔으니까요. 국제 구호 단체는 세계 곳곳의 분쟁 지역과 난민 캠프에 식량, 의복, 의료 지원 외에도 다양한 방법으로 교육의 기회를 제공하기 위해 노력해요. 작은 학교를 세운다든지 책을 보낸다든지 교육 봉사를 하기도 합니다. 당장 먹을 식량도 부족한 그들에게 왜 교육을 지원하려고 할까요?

교육은 아이들의 안전은 물론 미래와 직접 연결되어 있어요. 더 이상 학교에 가지 않는 아이들은 전쟁터로 내몰리거나, 마약이나 범죄의 도구로 이용되기도 해요. 또 여자아이들은 성폭력이나 성매매에 노출되기 쉽지요. 학교는 아이들이 방치되지 않도록 최소한의 울타리를 마련해 준답니다. 배움은 절망적인 상황에 놓인 아이들에게 가능성과 희망을 만들어 주는 중요한 과정이에요. 교육을 받고 자신의 재능을 찾아 희망하는 미래를 이루어 나갈 수 있으니까요. 우리 함께 미래를 빼앗긴 친구를 도울 방법을 생각해 봐요.

갈 곳이 없는 친구 똑똑한 생각의 고리

이렇게 생각해 봐요!

유럽의 몇몇 국가들은 처음에 난민 문제를 적극적으로 해결하기 위해 국경을 개방하고 난민 신청을 받아 주었어요. 하지만 유럽으로 향하는 난민의 수가 점점 많아지고 신청자가 늘자, 난민 수용을 반대하는 사람들이 난민 수용 금지를 정부에 요구하는 목소리를 내고 있어요. 한국에서도 제주도에 입국한 예멘 사람들에 대한 난민 수용 여부가 사회적으로 큰 이슈가 되었어요. 난민 수용을 반대하는 측에서는 급증하는 난민으로 국내 치안에 문제가 생기고 세금을 난민에게 쓸 수 없다는 이유를 들었어요. 찬성하는 측에서는 한국 전쟁 때 난민 지위에 있던 우리에게 도움을 준 다른 나라처럼 인도주의가 우선되어야 한다는 입장을 내놓기도 했어요. 여러분의 생각은 어떤가요?

제4부
공존을 위한

지구촌의 노력들

이 시간에도 지구촌 어딘가에서는 분쟁과 갈등이 일어나고 있어요. 날선 대치 속에 긴장한 나날을 보내기도 하고 무력 충돌로 이어져 수많은 사람들이 고통 속에 살고 있지요. 세계화 시대가 본격화되면서 하나의 마을이 된 지금, 지구 반대편 일이라고 강 건너 불구경하듯 할 수는 없어요. 결국 그 분쟁의 결과는 내 일상에도 영향을 끼치게 되니까요. 분쟁을 근본적으로 해결하고, 분쟁 지역에서 발생하는 수많은 문제를 줄이기 위해서 어떤 일들을 해야 할까요?

국가 간의 약속, 국제법과 국제기구들

우리가 살고 있는 지구촌에는 지금 이 시간에도 크고 작은 분쟁이 계속 일어나고 있어요. 군사들의 유혈 충돌이 일어나는 무력 전쟁뿐만 아니라 경제 전쟁, 식량 전쟁, 환경 전쟁까지 많은 분쟁이 끊임없이 벌어지지요.

얼마 전 한국도 이웃 국가인 일본과 무역 분쟁을 벌이기도 했어요. 일제 강점기 일본으로 강제 징용된 한국 피해자들이 일을 하고 임금을 받지 못한 것에 대해 일본 기업에게 손해배상을 요구했어요. 이에 한국 대법원에서는 일본 기업에게 강제 징용된 피해자 한 명당 1억 원씩 배상하라고 최종 판결을 내렸습니다. 하지만 일본은 이를 거절했고, 심지어 한국에 반드시 필요한 반도체 원료 수출을 규제한다고 발표했어요. 그러자 양국에서는 서로의 물건을 불매하고, 수출을 규제하는 무역 분쟁으로까지 번지게 되었지요. 한국은 일본의 수출 규제가 적당한지를 가리기 위해 세계무역기구(WTO)라는 국제기구에 소송을 제기하기도 했어요.

여기서 잠깐, 우리가 생각해 볼 것이 있어요. 왜 양국의 문제를 두 나라가 직접 해결하지 않고, 세계무역기구라는 곳에 소송을 제기하여 도움을 요청했을까요?

우선 국제법과 국제기구가 무엇인지부터 알아봐야 해요. 국제법이란 '국가 간의 합의를 기초로 하여 형성된 법'이라고 정의하고 있어요. 국제법의 종류에는 여러 가지가 있는데, 가장 대표적인 것이 바로 '조약'과 '국제 관습법'입니다.

'조약'은 국가의 대표가 공식적으로 맺은 약속입니다. 조약 체결에 참여한 나라들만 약속을 지킬 의무가 있지요. 따라서 조약 체결에 참여하지 않은 나라는 약속을 지킬 의무가 없고, 그들을 제약할 방법이 없기에 효력이 제한적일 수밖에 없습니다. 조약은 협약, 협정, 규약, 헌장서, 합의서, 의정서 등 다양한 이름으로 존재해요. 가장 대표적인 조약으로는 '유엔헌장'을 들 수 있어요. 국제연합(UN)에 가입한 나라들이 '유엔헌장'에 가입하여, 국제연합이 주장하는 국제법이 국제 사회에서 영향을 끼칠 수 있는 것이지요.

다음으로는 '국제 관습법'이에요. 국제 관습법은 조약처럼 공식적인 약속은 아니지만 오랫동안 국제 사회에서 형성된 관행을 법으로 인정하여 효력을 획득한 것이에요. 따라서 조약과 달리 국제 관습법은 약속에 참여하지 않은 나라도 지킬 의무가 있고, 지키지 않았을 경우에는 법적 제재를 가할 수 있어요.

이러한 국제법을 행사하는 주체가 국제기구입니다. 다시 말해 국제기구란 '2개 이상의 주권 국가가 합의에 의해 만든 조직으로 국제법에 의해 설립되고, 독자적인 행동을 하는 기구'예요. 우리가 잘 알고 있는 국제연합이 바로 대표적인 국제기구 중 하나랍니다.

예전과 달리 우리는 다른 나라와 협력하지 않고 살아갈 수 없어요. 교통과 통신이 발달했고, 무역이 필수가 된 지금 모든 나라는 긴밀한 관계를 맺고 살아가요. 그래서 지금 우리가 살고 있는 이곳을 '지구촌'이라고 부르지요. 이렇게 관계가 긴밀해진 만큼 자기 나라의 이익을 위해 다툴 일도 많아졌어요. 다툼이 일어나면 예전에는 힘이 있는 나라가 이길 수 있는 확률이 컸어요. 그래서 힘없고 약한 나라는 지배를 받기도 했고, 약탈을 당하기도 했지요. 하지만 지금은 달라요. 국제기구의 도움으로 약한 나라를 함부로 공격하거나 지배할 수 없어요.

예를 들어 볼게요. 1990년 이라크와 쿠웨이트 사이에서 큰 전쟁이 일어났어요. 군사력이나 경제력으로 봤을 때 쿠웨이트는 이라크에 비해 훨씬 힘이 약한 나라였어요. 하지만 전쟁의 승자는 이라크가 아닌 쿠웨이트였답니다. 어떻게 이길 수 있었을까요? 바로 국제연합이라는 국제기구의 도움을 받아 34개 다국적군이 쿠웨이트를 도왔기 때문이에요. 국제기구는 이처럼 세계의 평화를 유지하고, 서로 협력하기 위해 노력하는 단체예요.

세계무역기구(WTO) 역시 국제기구 가운데 하나로 국가 간에 이루어지는 모든 거래를 관리하고 감독하는 기구예요. 국제법인 '관세 및 무역에 관한 일반 협정(GATT)'을 잘 이행하여 국제 무역 질서를 바로잡는 일을 하는 곳이지요. 세계무역기구는 강제 집행권을 가지고 있기 때문에 국가 간에 발생하는 분쟁을 조정할 수 있어요. 그렇기 때문에 우리나라와 일본은 양국에서 일어난 무역 분쟁을 세계무역기구에 제소하여 공정하게 해결하고자 하는 것이랍니다.

이외에도 세계에는 많은 종류의 국제기구가 있어요. TV에서 운동선수나 연예인이 아프리카에서 힘들게 살아가는 아이들이나 전쟁으로 난민이 되어 고통받고 있는 아이들을 도와 달라고 호소하는 영상을 본 적이 있나요? 이것은 종교나 이념, 국적에 차별 없이 세계 모든 어린이를 돕기 위해 설립된 유니세프(UNICEF)에서 제작한 영상이에요. 국제연합 산하 국제 구호 단체인 유니세프는 긴급 구호, 영양, 예방 접종, 식수 및 환경 개선, 기초 교육 등의 일을 하고 있어요.

유럽연합(EU)은 유럽의 정치와 경제를 통합하기 위해 설립된 국제기구예요. 유럽연합은 다른 국제기구와 달리 독자적인 법 체계를 가지고 국가를 넘어서 유럽을 대표하는 기능을 강화한 기구지요.

국제통화기금(IMF)은 경제적으로 어려움을 겪는 나라에게 돈을 빌려주는 국제기구예요. 한국도 국제통화기금의 도움을 받은 적이 있습니다.

1997년 한국은 외환 보유액이 부족하여 외국에서 빌린 돈을 갚지 못하는 상황이었어요. 나라가 파산할 수도 있는 큰 위기였지요. 그때 국제통화기금에서 한국에 돈을 빌려주었고, 우리 국민은 집에 있던 금을 나라에 팔아 위기에서 벗어나는 기지를 발휘했어요. 금은 거의 모든 나라에서 유통되는 화폐이기 때문에 국제통화기금에서 빌린 돈을 갚는 데 도움이 되었어요.

이외에도 세계 경제의 공동 발전과 성장, 인류 복지 증진을 위한 경제협력개발기구(OECD), 올림픽 대회를 주최하는 국제올림픽위원회(IOC), 보건

이것만은 콕콕!

21세기 신생 독립국, 동티모르

인도네시아의 여러 섬 가운데 하나인 티모르섬은 동과 서로 나뉘어 있어요. 유럽 국가들이 식민지를 철회하면서 자연스럽게 서티모르는 인도네시아로 편입되었고, 동티모르는 자치권을 가진 독립 국가가 되기를 원했어요. 하지만 베트남 전쟁 이후 인도네시아의 무력 침공으로 동티모르는 인도네시아에 편입이 되었어요. 결국 국제연합이 나서서 동티모르 독립 찬반 투표를 진행했고, 결과는 독립을 찬성하는 쪽이 많았지요. 하지만 반대파의 무자비한 탄압이 시작되었어요. 이것이 바로 '동티모르 사태'예요. 국제연합은 유엔 평화 유지군을 파견하여 이 사태를 진압했어요. 여러 나라의 도움으로 동티모르 사태는 진압이 되었고, 국제연합에서 3년간 신탁 통치를 했어요. 그리고 2002년에 이르러 동티모르는 21세기 들어 처음으로 신생 독립국이 되었답니다.

위생 분야의 국제적인 협력을 위해 설립된 세계보건기구(WHO), 국제 환경 보호 단체인 그린피스(GREENPEACE) 등의 국제기구가 있어요.

그리고 국제기구 중에는 국제 사법 기구도 있어요. 국제 사회의 문제를 재판하고 내려진 판결로 구속할 수 있는 기구예요. 대표적인 기구로는 국제사법재판소(ICJ)가 있답니다. 이외에도 국제적인 범죄를 수사하기 위해 만든 '인터폴'은 나라 간에 정보 교환, 전과 조회, 수사 등을 협조하여 다른 나라로 도망간 범인을 해당국으로 돌려보내 체포하는 것을 도와줍니다.

평화를 위한 스포츠 축제

여러분은 올림픽이 언제부터 시작되었는지 알고 있나요? 우리가 잘 알고 있듯이 올림픽은 고대 그리스에서 종교 의식으로 진행한 경기 중 하나인 '올림피아제'에서 유래되었어요. 이후 1,500년 동안 중단되었다가 프랑스의 교육가인 쿠베르탱에 의해 1896년 아테네에서 근대 올림픽으로 다시 시작되었지요. 올림픽은 개인, 인종, 종교, 정치적 사상 등 그 어떤 이유로도 차별받지 않고, 모든 참가자가 공정한 상황에서 이기는 것이 우선이 아닌 참가하는 데 의의를 두고 있어요. 올림픽을 통해 젊은이가 상호 이해와 우의를 돈독히 하여 평화로운 세계를 건설하는 데 이바지하기를 바라는 마음에서 말이에요. 이러한 올림픽을 관리하고 개최하는 곳이 바로 '국제

올림픽위원회'예요.

  국제올림픽위원회에 가입한 나라는 206개국으로 국제연합에 가입한 나라보다 더 많아요. 국제연합이 정치적인 성격을 띤다면, 국제올림픽위원회는 순수하게 스포츠를 위한 국제기구예요. 위원회에서는 각 나라에서 선출된 위원들이 투표로 올림픽에 관련한 모든 사항을 결정해요. 올림픽 개최지 선정과 같은 일이요. 또 올림픽을 통해 사회적 불평등 해소, 난민 해결, 환경 보호, 지속가능한 성장을 추구하고, 궁극적으로는 스포츠를 통해 사회 발전을 이루고 전쟁 없는 평화로운 세상 만들기를 지향합니다. 실제로 위원회는 아프리카에 스포츠 센터를 세워 운영하고 있어요. 스포츠 시설이 절실하게 필요한 지역에 다기능 스포츠 센터를 건설하여 스포츠를 사회 변화의 도구로 사용하고 있지요. 잠비아에 있는 스포츠 센터에서는 운동에 소질이 있는 아이들을 발굴하여 훈련시키는 것 외에도 문화, 교육, 사회 개발 프로그램을 운영해 1만 명에 이르는 어린 친구들이 이곳을 이용한다고 해요. 2014년 난징 청소년 올림픽에서는 이곳에서 훈련했던 잠비아 선수가 100m 단거리 경주에서 금메달을 따는 쾌거를 이루기도 했어요.

  올림픽만큼 전 세계인의 사랑을 받는 스포츠 경기가 또 있어요. 바로 축구 월드컵이에요. 4년에 한 번씩 열리는 월드컵은 2002년 한일 월드컵이라는 이름으로 한국에서도 일본과 함께 공동으로 개최한 적이 있어요. 한일 월드컵에서 한국은 4강 신화를 보여 주기도 했지요. 2002년 대한민국은 선수와 응원하는 국민이 하나가 되는 단결력을 보여 주었어요.

월드컵에 참여한 전 세계인은 월드컵이라는 축제 기간 동안 성별, 인종, 종교 그 어떤 차별도 없이 '우리는 하나'라는 마음으로 지구촌 축제를 즐겨요. 이러한 월드컵은 단일 종목 경기 가운데 가장 큰 규모의 행사지요. 이를 관리하고 개최하는 곳이 바로 '국제축구연맹(FIFA)'이에요. 가입국이 무려 211개나 되는 굉장히 큰 국제기구 중 하나지요. 1904년에 설립된 국제축구연맹은 1930년 제1회 우루과이 월드컵을 개최하면서 본격적으로 발전하기 시작했어요. 월드컵의 원활한 운영과 관리가 주된 목적이지만, 궁극적으로는 스포츠를 통해 국가 간의 친목을 도모하고 평화로운 세계를 구축하는 데 의의를 두고 있답니다.

이것만은 콕콕!

세계를 하나로, 근대 올림픽의 상징 오륜기

청색, 황색, 흑색, 녹색, 적색의 순서로 다섯 개의 둥근 고리가 'W' 모양으로 연결되어 있는 오륜기는 근대 올림픽을 상징하는 대회기예요. 각각의 색깔은 유럽, 아시아, 아프리카, 오세아니아, 아메리카 오대륙을 상징하고, 하나로 연결되어 있는 모습은 모든 나라가 하나가 되어 힘을 모으자는 뜻이에요. 오륜기는 올림픽 기간 동안 주경기장에 걸려 있고, 대회가 끝나면 폐회식에서 다음 올림픽 경기가 열리는 도시의 시장에게 넘겨준답니다.

평화로 가는 세계 문화

수원 화성 | 석굴암 | 불국사 | 종묘 | 창덕궁 | 고인돌 | 경주 역사 유적 지구

위의 단어를 보면 떠오르는 것이 있나요? 맞아요. 세계 문화유산으로 지정된 우리나라 문화유산이에요. 세계 문화유산은 어디에서 지정하는지 알고 있나요? 바로 '유네스코(UNESCO)'랍니다. 유네스코는 전 세계의 문화유산을 조사하여 인류를 위해 보존되어야 할 가치가 있는 것을 선정하고, 전 세계 인류의 공동 재산으로 인정하여 보호·관리하는 기구예요. 우리가 잘 알고 있는 이집트의 피라미드, 이탈리아의 피사의 사탑, 중국의 만리장성 역시 유네스코에서 지정한 세계 문화유산이에요.

유네스코는 세계 문화유산만 지정하는 곳이 아니에요. 교육, 과학, 문화 등 국가 간 이해와 협력을 통해 세계 평화에 한발 더 나아가고, 인류 발전에 도움을 주기 위한 국제기구지요. 유네스코 헌장에는 '전쟁은 인간의 마음속에서 비롯되므로 평화를 지키기 위한 방어벽을 세워야 할 곳도 인간의 마음속이다.'라는 전문이 있어요. 따라서 국가 간의 상호 이해를 높이기 위해 필요한 모든 국제적 협력이 주된 활동입니다. 대표적으로 초등 의무 교육의 보급, 난민 교육, 인류에 도움을 주는 과학 지식 연구, 세계 문화유산 지정 및 보존 지원 등이 있어요.

북아일랜드에게 자치권을 넘겨준 영국

아일랜드는 북대서양 북동부에 위치하고 있어요. 영국과는 얕은 대륙붕으로 연결되어 있고, 아일랜드 섬 32개 군 가운데 6개 군은 북아일랜드로 영국에 속한 나라지요. 한국과 마찬가지로 아일랜드도 남과 북으로 나뉘었어요. 왜 이렇게 나뉠 수밖에 없었을까요? 아일랜드는 한국과 참 많이 닮았어요. 지리적 특성상 외부로부터 잦은 침입이 있었고, 특히 700여 년 동안 이웃 국가인 영국의 지배 속에서 살아왔어요.

아일랜드는 원래 가톨릭을 믿는 나라였어요. 하지만 1534년 영국의 헨리 8세가 아일랜드에 침입하면서 자신의 종교였던 성공회(크리스트교)로 종교를 바꾸려고 했어요. 영국에서 성공회 신자를 아일랜드로 이주시켰는

데, 이때부터 구교도와 신교도 사이에 갈등이 생기기 시작했어요. 신교도는 정치적, 경제적으로 구교도에 비해 우위에 있었어요. 아일랜드에서 남부럽지 않은 권력과 부를 누렸지요. 이후 아일랜드에서는 대기근이 일어났어요. 몇 년에 걸쳐 주식이던 감자의 수확이 줄면서 수많은 사람들이 굶어 죽었다고 해요. 하지만 이러한 상황을 남의 집 불구경하듯 한 영국 정부는 아일랜드 사람들을 도와주지 않았고, 구교도와 신교도의 갈등은 점점 더 깊어졌어요. 결국 구교도에서는 군사 조직(IRA)을 만들게 되었고, 신교도를 테러하기 시작했어요.

갈등이 깊어져 유혈 사태가 심해지자 1937년 영국은 아일랜드 남부 지역을 독립시켰어요. 그런데 왜 아일랜드 전체가 아니라 아일랜드 남부 지역일까요? 이것은 북아일랜드에서 기득권을 갖고 있던 신교도들이 독립하기를 원하지 않았기 때문이에요. 그래서 32개 군 가운데 26개의 남부 지역은 아일랜드라는 독립적인 국가가 되었고, 나머지 6개 군이 있는 북아일랜드는 영국령 북아일랜드가 되었답니다.

영국령이 된 북아일랜드에서는 독립을 원하는 구교도와 원하지 않는 신교도 사이에 갈등이 굉장히 심해졌어요. 신교도가 구교도를 군대로 제압한 '피의 일요일 사건'이라는 안타까운 사건도 일어났지요. 이에 영국 총리였던 토니 블레어는 북아일랜드 사태 해결에 적극적으로 나서, 1998년 '벨파스트 협정'을 통해 평화협정을 맺었어요. 하지만 완전한 평화는 이루어지지 않았고, 갈등은 계속되었어요.

이후 영국에서는 북아일랜드에게 자치권을 인정했지만, 북아일랜드에서는 2009년 무장 테러가 발생하고 아일랜드와 통일을 해야 한다는 정치권의 목소리가 높아지는 등 갈등이 완전히 해결되지 않았어요. 영국 정부는 유럽연합과 함께 분쟁 해결을 위해 많은 노력과 재정적 지원을 하고 있어요. '아일랜드 국제기금'을 설립하여 북아일랜드에 직접적인 재정적 지원을 하는가 하면 '굿프라이데이 협정'을 통해 북아일랜드의 자치권을 인정하면서 아일랜드와 북아일랜드 간 열린 국경을 보장하여 교류를 인정하기도 했어요. 하지만 오랜 시간 겪어 온 갈등은 쉽게 해결되지 않고 있어요. 아직도 신교도와 구교도 사이에는 서로를 용서하고 화해하려는 의식이 완벽하게 자리 잡지 못했음을 보여 주는 것이지요. 아일랜드와 영국 사이의 평화를 위한 노력은 아직도 진행 중이랍니다.

이슬람 문화를 인정한 에스파냐

에스파냐의 그라나다에 자리 잡은 알람브라 궁전은 가톨릭이 대다수인 유럽 국가에서 볼 수 있는 얼마 안 되는 이슬람 문화예요. 그렇기 때문에 굉장히 이질적이면서도 매력적인 공간이지요. 가톨릭을 믿는 인구가 전체의 75%를 차지하는 에스파냐에서 어떻게 이슬람 문화를 대표하는 건축물을 볼 수 있을까요? 그것은 에스파냐의 복잡한 역사 속에서 이유를 찾을

관용과 포용이 지켜 낸 세계 문화유산
가톨릭 문화 속 이국적인 매력
이슬람 건축물 알람브라 궁전

수 있답니다.

　에스파냐는 유럽의 남서쪽 끝 이베리아반도에 위치한 나라예요. 원래 에스파냐는 로마의 지배를 받던 나라였어요. 600년가량 로마의 지배를 받으며 건축, 경제, 문화 등이 많이 발전했지요. 하지만 로마가 힘이 약해지고 이슬람 세력에 의해 멸망하면서 에스파냐는 800년 가까이 이슬람 세력의 지배를 받게 돼요. 이때 만들어진 건축물 중 하나가 바로 '알람브라 궁전'이랍니다. 가톨릭 세력은 다시 힘을 키워 국토 회복 운동을 시작했고, 1492년 비로소 이슬람 세력을 몰아내고 다시 국토를 되찾았어요.

　이후 에스파냐는 우리가 잘 알고 있는 콜럼버스를 앞세워 신대륙을 발견하고 황금기를 맞이하지요. 무적함대라 불리며 영국과 더불어 세계 최강의 해상국이 될 수 있었던 이유는 기존에 있던 이슬람 세력을 무조건 배척한 것이 아니라 그들을 포용했기 때문이에요. 이슬람 세력은 주권을 에스파냐에게 양도했고, 에스파냐는 항복의 대가로 이슬람 세력의 가족 및 재산의 안전을 보장해 주었어요. 또 거주지에서 계속 생활할 수 있도록 했고, 이슬람법까지도 그대로 보존할 수 있게 해 줌으로써 이슬람 시대의 모습을 그대로 유지할 수 있도록 관용을 베풀었지요. 에스파냐는 이로써 사회적 통합을 이끌어 낼 수 있었고, 어느 나라보다도 강한 나라가 될 수 있었어요. 또한 지금 우리가 에스파냐라는 유럽 국가에서 이국적인 매력의 이슬람 문화를 경험할 수 있는 기회를 갖게 되었답니다.

언어 공동체를 인정한 벨기에

벨기에는 다양한 민족으로 구성되어 있어요. 언어 역시 네덜란드어, 프랑스어, 독일어 세 가지를 공용어로 채택하고 있는 다양한 문화가 혼재된 나라지요. 1831년 네덜란드로부터 독립한 벨기에는 네덜란드어를 사용하는 인구가 더 많음에도 불구하고 프랑스어를 공식 언어로 채택하면서 많은 갈등이 생겨났어요. 언어 때문에 갈등이 점점 심해지자 벨기에는 결국 다양한 방법을 통해 문제를 해결하기 위해 노력했어요.

네덜란드로부터 독립한 단일 국가였던 벨기에는 1970년부터 2012년까지 모두 여섯 번의 헌법 개정을 통해 여러 나라가 함께 살아가는 형태의 연방제 국가로 완전하게 바뀌었어요. 서로 다른 언어 공동체를 인정하고, 그에 따른 문화적 자치권과 행정적 자치권을 부여한 결과 점진적으로 연방 국가로의 전환을 이루었지요. 결과적으로 현재 벨기에는 언어 공동체와 지역 공동체, 그리고 정부가 각각 독립적인 권한을 가지고 있는 독특한 형태의 국가 모습을 하고 있어요.

또한 벨기에는 의사 결정을 할 때 특정 집단이 유리하지 않도록 수상을 제외하고, 네덜란드어를 사용하는 장관과 프랑스어를 사용하는 장관을 똑같은 수로 구성하도록 하고 있어요. 국가의 중요한 정책을 결정할 권한이 있는 의원 역시 전체 언어 공동체를 기반으로 나눈 뒤, 그 수에 따른 비례 대표제로 선출하고 있어요. 다시 말해 네덜란드어를 사용하는 정당과 프

랑스어를 사용하는 정당을 전체 의석의 50%씩 나누고, 그 안에서 또다시 서로 다른 이념을 추구하는 정당을 구성하여 의석을 나누는 형태지요. 실제로 가장 많은 수의 의석을 가지고 있는 1당(33석)과 2당(23석)의 의석수를 합쳐도 전체 150개 의석수의 과반에도 한참 못 미치는 수예요. 이것은 특정 언어를 사용하는 정당이 독점하는 것을 막고, 다양한 의견이 공존할 수 있는 진정한 의미로의 연방제 국가가 되기 위해 노력하는 모습이라고 볼 수 있어요.

벨기에는 이처럼 하나의 모습으로의 통합이 아닌 다름을 인정하고, 다름이 공존하는 모습의 통합을 추구하며 직면한 갈등을 지혜롭게 해결해 나가고 있답니다.

한 지붕 아래 평화로운 26개 나라, 스위스의 칸톤

스위스는 유럽 중앙부에 있는 나라로 정식 명칭은 '헬베티아 동맹'인데, 통상적으로는 '스위스 연방'이라고 불러요. 스위스는 하나의 나라가 아닌 다민족 국가로 이루어진 연방국이에요. 연방이라는 큰 틀 안에 '칸톤'이라는 '주' 개념의 행정 구역이 있고, 그 안에는 '게마인데'라는 '군' 개념의 지방 자치 단체가 있어요. 스위스에는 헌법상 수도가 없어요. 다만 스위스 연방 의회와 국제기구가 많은 베른이 스위스의 수도 역할을 하고 있어요.

우리가 잘 알고 있는 취리히는 스위스의 최대 도시로 스위스 칸톤 가운데 하나랍니다.

칸톤은 각자 고유의 깃발 디자인을 만들어서 지역을 구분하고 있어요. 베른의 깃발은 곰을 상징하는 도시답게 곰이 그려져 있어요. 스위스의 칸톤은 도시의 개념을 벗어나 사실상 하나의 나라 수준으로 자치권을 가져요. 이를테면 스위스는 이민이 굉장히 어려운 나라 가운데 하나예요. 왜냐하면 정부에서 이민을 승낙해 주는 시스템이 아니라 연방을 이루는 가장 작은 행정 구역인 '게마인데'의 승낙부터 받아야 이민이 가능해요. 게마인데와 칸톤의 이민 승낙을 받고, 최종적으로 스위스 연방에서 이민을 허가하는 시스템이기 때문에 다른 나라에 비해 이민이 어려워요. 그만큼 칸톤의 자치권이 강하다는 의미지요.

여러분은 우리나라 대통령이 누구인지 잘 알고 있죠? 대부분의 국민은 대통령을 알고 있어요. 하지만 스위스에서 대통령을 물어본다면 잘 모르는 사람이 많답니다. 그 이유는 입법, 사법, 행정적인 모든 것을 '칸톤'에서 독자적으로 운영하기 때문이에요. 통신, 외교, 관세와 같이 나라를 대표하는 문제만 연방에서 선출된 대표들이 모여 해결합니다. 대통령도 칸톤의 대표들이 한 해마다 돌아가며 맡기 때문에 스위스에서는 대통령을 잘 몰라요.

스위스 칸톤은 다민족으로 구성된 스위스에서 분쟁을 해결하고 평화롭게 살아가기 위해 선택한 방법이에요. 어느 한 부분의 힘이 강해져 문제가 일어나는 것을 원하지 않기 때문에 스위스는 헌법상 수도도 존재하지 않아요. 26개의 칸톤은 독자적인 헌법을 가지고 자치적으로 운영하고 스위스라는 나라 속에서 평화적으로 통합하며 살아가고 있답니다.

평화를 향한 현재 진행형

지금 이 시간에도 지구촌 곳곳의 크고 작은 갈등과 분쟁은 현재 진행형이에요. 아픈 현실과 해결하기 힘든 문제를 눈앞에 두고 있는 셈이지요. 한 교실에 30명가량의 친구들과 생활하는 우리도 매번 수많은 갈등을 겪고, 갈등을 해결하기 위해 노력하거나 갈등을 만들지 않기 위해 고민해요. 하물며 81억 명이 함께 살아가는 지구촌에서 갈등과 분쟁이 전혀 없을 수는 없어요. 그렇기 때문에 여러 가지 국제기구와 국제법을 만들어 갈등과 분쟁을 만들지 않으려 노력하고, 만약 문제가 생겼을 때는 지혜롭게 해결하려고 힘쓰지요.

지금까지의 노력과 앞으로의 방향은 궁극적으로 모든 사람들이 평화롭게 살아갈 수 있는 세상을 향해 나아가기 위한 노력이어야 합니다. 여러분이 끔찍하기도 하고 아프기도 한 분쟁의 현장을 이해하고 공부하는 이유이기도 하지요. 이를 통해 분쟁과 갈등 때문에 어려움을 겪는 사람들의 고통을 함께 공감하고 도움의 손길을 내밀 수 있는 지구 공동체적인 마음가

짐을 갖는 것 또한 중요해요. 지구촌의 다양한 지역을 살펴보고, 갈등과 분쟁의 현장을 직시하며 세계시민으로서의 자세와 생각을 더해 행동한다면, 여러분이 주인이 되는 미래의 지구촌에서는 지금과 같은 슬픈 갈등이 더 이상 발생하지 않을지도 모르겠어요. 모든 사람들이 평화롭게 살아갈 수 있는 세상에 한 발짝 더 다가가기 위한 소중한 선택이기도 합니다.

환경 보호 vs 자원 개발 · 똑똑한 생각의 고리

이렇게 생각해 봐요!

우리가 1시간 사용하는 에너지로 방출되는 3,131톤의 온실가스는 112만 7천 그루의 어린 소나무를 사용하는 엄청난 양입니다. 이런 온실가스가 지구 온난화를 가속시키는 주범이지요.

이에 환경 보호를 주장하는 사람들은 그린피스나 세계자연기금(WWF)과 같은 국제기구를 통하여 많은 사람들에게 북극처럼 파괴되어 가고 있는 환경을 이야기하고, 다양한 방법으로 보호하자고 호소하고 있어요.

반면 자원을 개발하여 얻는 경제적인 이익 때문에 자원 개발을 멈추지 못하는 사람들이 있어요. 중국에 이어 세계 온실가스 배출 2위인 미국은 한때 파리 기후협정이 불공정하다며 탈퇴를 선언하기도 했어요. 이외에도 석유 회사들은 북극의 자연은 외면한 채 이윤만을 추구하며 북극에 정유 공장을 세우고 있는 실정이에요.

인간의 편의를 위해 자원 개발은 계속되어야 할까요? 생태계의 한 구성원으로서 자연과 함께 살아가기 위해 환경 보호를 해야 할까요? 또 이 모두가 자원 개발에 앞장서는 기업만의 탓일까요?